医療法人の設立認可申請ハンドブック

医業経営研鑽会［編］

西岡秀樹・岸部宏一・藤沼隆志・佐藤千咲［著］

日本法令

はしがき

　私はご縁があり、東京都行政書士会からの推薦をいただき、東京都医療法人指導専門員（専務的非常勤職員）として、平成22年度〜平成23年度まで年間1,000件以上の届出・認可申請書類の審査事務を担当しました。また、医療法人制度の規制の本質に重点を置いた審査が行われるよう、それまでの東京都の手引きに関する修正点などを提案し、平成23年5月版東京都医療法人設立の手引き、平成24年2月版東京都医療法人運営の手引きの改定にも関与しました。

　私が審査事務を担当していたのは、平成19年4月施行の改正医療法により、それまでの持分ありの医療法人のすべてが、改正法に適合するために定款変更認可申請を行わなければならないという時期であり、提出された認可申請書類の審査未完了分が山のように積み重なっていました。

　そして、日々提出された書類のチェックをしながら感じたことは、あまりにも医療法人制度を知らない、内容の酷いものが多いということです。多くの場合、医療専門、歯科医院専門などとうたう会計事務所や医療コンサルタント会社が関与しているのですが、実際には、医療法人制度についてあまり詳しくない職員が実務を行っているケースが多くありました。

　そのため、審査担当者が毎日残業をしても審査完了まで必要以上に時間がかかったり、他のまともな申請の審査が遅れたり、何より申請者本人であるドクターに迷惑がかかってしまっているという状況を、私は実際の現場で見てきました。

　また、都庁での専務的非常勤職員を退職した後、行政書士として、医療法人を設立した後のお客様からご相談を受けるなかでも、顧問税理士から「節税になる」との話だけを聞かされ、具体的なシミュレーションも医療制度の説明もなく勧められるままに医療法人を設立した後になってから、基金制度を使わずに設立すると拠出財産が寄付となってしまい返還されることがないことを初めて知ったため訴訟を決断した、あるいは、医療法人化の手続きを行った行政書士や医療法人化を勧めた税理士から「役員は管理者であるドク

ター1人だけ」と聞かされていた(実際には何故かスタッフの方々が理事になっていた)、というような信じがたい話にも多々遭遇しました。

　現在、私の所属している医業経営研鑽会は、実際にお客様からの相談やそれぞれの専門分野で日々プロフェッショナルとして実務を行い、また月1回の事例研究会などで、他では相談できない日々の実務で生じた疑問点や不可解な行政指導などについて、会員同士で知恵を出し合い、また情報を共有しあいながら日々研鑽を積んでいる団体です。

　この医業経営研鑽会が著した『医療法人の設立・運営・承継・解散』(平成27年3月20日発行　日本法令)は、「実務に役立つこと」「知って得する雑学ネタ」を重視した書籍ですが、好評をいただき平成28年4月20日には改訂版が発行され、その後も増刷を続けています。

　今年、平成29年は医療法人の機関としての理事会や理事の損害賠償義務等の医療法における明確化、関係事業者との取引状況の報告義務など、医療法人の経営の透明性の確保及びガバナンスの強化に関する平成27年の医療法改正の内容がすべて施行された年です。今回、前著で目指した「実務に役立つこと」「知って得する雑学ネタ」の2つのモットーを重視するスタイルは変えずに、改正法の内容を反映し、特に医療法人の設立だけに的を絞り、これまでのよくある行政の作った資料の丸写しや様式を添付しただけの他書とは一線を画した本書を発行することになりました。

　本書は、きちんと行政書士登録をしており、また税理士や医業経営コンサルタントとしても実務を多数行っている共同執筆者4名が経験した、過去の申請時における行政指導の実例や申請時に作成した書類の実例(一部の情報は伏せてあります)を多数盛り込み、本当に使える実務本を目指しました。

　医療法人化を考えている医師・歯科医師の先生、医療機関及び医療法人にかかわる専門士業の方々、医療法人の審査にあたる行政庁の職員の方々にも是非ご一読をいただきたい一冊です。

最後に、本書の執筆・発行にあたり株式会社日本法令の大澤有里氏、ライターの橋口佐紀子氏には大変お世話になり、心より感謝しております。この場を借りてお礼申し上げます。

平成29年8月

医業経営研鑽会正会員
PROPRIDE行政書士藤沼法務事務所
代表　特定行政書士　藤沼 隆志

もくじ

第1章 医療法人設立を検討するときに知っておくべきこと

1-1 医療法人についての基礎知識 …… 2
- 〔1〕社団法人と財団法人 …… 2
- 〔2〕持分なし社団医療法人と基金拠出型医療法人 …… 4
- 〔3〕いわゆる広域医療法人・一人医師医療法人 …… 5
- 〔4〕医療法人の機関（組織形態） …… 6
    - ①社　　員　6
    - ②社員総会　7
    - ③役　　員　7
    - ④理 事 会　8
- 〔5〕定期的に行う必要がある届出、登記 …… 9
    - ①決算届出／事業報告（都道府県）　9
    - ②登記事項届出（都道府県）　9
    - ③役員変更届出（都道府県）　9
    - ④理事長の変更登記（法務局）　9
    - ⑤資産の総額の変更登記（法務局）　10

1-2 医療法人化のメリット・デメリット …… 11
- 〔1〕メリット・デメリット …… 11
    - ①税 金 面　12
    - ②相続対策　13
    - ③運営・手続き面　13
    - ④社会保険加入　13
    - ⑤行政の関与度合い　14
    - ⑥経 費 面　14
    - ⑦資金自由度　14

　　　　⑧所得資産自由度　　15
　　　　⑨事業拡大の可能性　　15
　　　　⑩物　　販　　16
　　　　⑪事業廃止　　16
　　〔2〕医療法人化した場合のシミュレーション …………………………… 17

1-3　MS法人の活用という選択肢 …………………… 20
　　〔1〕MS法人の活用 ……………………………………………………… 20
　　　　①医療法人で不動産を所有することが望ましくないケース　　22
　　　　②将来の相続対策　　22
　　　　③医療法人から資金を移したいケース　　22
　　〔2〕関係事業者との取引の状況に関する報告書 ………………………… 23
　　〔3〕MS法人を活用した場合のシミュレーション ……………………… 26
　　〔4〕MS法人との主な取引例 …………………………………………… 29

1-4　医療法人設立認可申請にかかわる諸法令 ……… 30
　　〔1〕認可主義とは ………………………………………………………… 30
　　〔2〕医療法 ………………………………………………………………… 30
　　〔3〕行政手続法 …………………………………………………………… 31
　　　　①審査基準と標準処理期間　　32
　　　　②申請に対する審査、応答　　33
　　　　③行政指導　　33
　　　　④届　　出　　36
　　　　⑤行政手続条例　　36
　　〔4〕行政書士法 …………………………………………………………… 36

ｖ

もくじ

1-5 医療法人設立認可申請前に準備すべきもの ……… 40
〔1〕現況の個人診療所に関して、保健所等に
　　届け出なければならないことを終わらせておく ……… 40
〔2〕設立認可申請書類一覧 ……… 41
〔3〕賃貸借契約書は要注意 ……… 43
〔4〕申請途中での変更依頼が多いもの ……… 43
　　①医療法人名称の変更　　43
　　②管理者の変更　　45
〔5〕申請様式の入手 ……… 46

1-6 医療法人設立のタイムスケジュールの確認は
　　とても重要 ……… 48
〔1〕全体のタイムスケジュール ……… 48
〔2〕各都道府県で違うスケジュール ……… 51
　　①東京都の場合　　51
　　②千葉県の場合　　51
　　③愛知県の場合　　52

第2章　医療法人の社員・役員

2-1 社員と役員の違い ……… 56
〔1〕社員とは ……… 56
〔2〕社員の数 ……… 56
〔3〕社員の入退社 ……… 58
〔4〕役員及び役員の数 ……… 60
〔5〕理　　事 ……… 61
〔6〕理 事 長 ……… 62
〔7〕常務理事 ……… 62

〔8〕監　　事 ……………………………………………………………… 63

2-2　社員と役員の資格要件・MS法人との関係 ……… 65

〔1〕社員の資格要件 ……………………………………………………… 65
〔2〕役員の資格要件 ……………………………………………………… 66
　　①理　　事　66
　　②理　事　長　69
　　③監　　事　71
〔3〕MS法人との関係 …………………………………………………… 72

2-3　基金と社員の関係 ……………………………………… 75

〔1〕基金とは ……………………………………………………………… 75
〔2〕基金以外の財産拠出 ………………………………………………… 76
　　①出　資　金　76
　　②拠出（寄付）　76
〔3〕基金と社員の関係 …………………………………………………… 77
〔4〕基金として適切な財産 ……………………………………………… 78
〔5〕基本財産と通常財産 ………………………………………………… 80

2-4　履歴書作成のポイント ………………………………… 81

〔1〕自治体によって異なる履歴書の様式、添付書類 ………………… 81
〔2〕履歴書作成のポイント ……………………………………………… 82

2-5　理事・監事の権限・義務・責任 ……………………… 85

〔1〕医療法人の役員の責任 ……………………………………………… 85
　　①医療法人に対する責任　85
　　②医療法人外に対する責任　85

VII

もくじ

〔2〕理事長の権限・義務・責任 …………………………………… 86
 ①理事長の権限 86
 ②理事長の義務 86
 ③理事長の責任 87

〔3〕理事の権限・義務・責任 ……………………………………… 87
 ①理事の権限 87
 ②理事の義務 88
 ③理事の責任 89

〔4〕監事の権限・義務・責任 ……………………………………… 89
 ①監事の権限 89
 ②監事の義務 90
 ③監事の責任 90

〔5〕役員人選に関する実務上の問題点 ……………………………… 90

第3章　定款・議事録・趣意書等作成のポイント

3-1　定款について必ずチェックすべきポイント …………… 92

〔1〕定款とは …………………………………………………………… 92
〔2〕定款に記載する内容 ……………………………………………… 92
 ①絶対的記載事項 92
 ②相対的記載事項 93
 ③記載しても無効な事項 95
〔3〕定款作成上の個別チェックポイント …………………………… 96
 ①医療法人の名称 96
 ②所在地 97
 ③目的及び事業 97
 ④基金 98

⑤基本財産　　98
⑥会計年度　　99
⑦役員に関する事項　　100
⑧理事長の報告義務　　100
⑨役員の任期　　101
⑩役員の報酬等　　102
⑪議事録署名人の条項　　102
⑫公告の方法　　103

3-2　議事録・趣意書等の作成のポイント　　104
〔1〕設立総会とは　　104
〔2〕設立総会議事録・趣意書　　104
　①設立総会議事録の記載事項　　105
　②設立趣意書の記載事項　　106
〔3〕設立総会議事録・趣意書の作成上の個別チェックポイント　　107
　①出　席　者　　107
　②拠出と基金拠出　　107
　③財産目録及び必要な設備の準備について　　108
　④管理者の選任　　109
　⑤役員報酬　　109
　⑥設立趣意書のこれまでの発展経緯について　　109

3-3　事例別作成例　　110
　①法人設立時から複数クリニックを同時に開設する際の
　　議事録例　　110
　②通常の個人開設クリニックが医療法人化する際の
　　趣意書例　　116

IX

③クリニック開設後2年未満の歯科医院を法人化、クリニック建物を転貸借していたケースの趣意書例　117

④父親が長年開設していた歯科医院を息子が承継し、承継した2年後に医療法人化したケースの趣意書例　119

⑤M＆Aでクリニック開設後1年以内に医療法人化した歯科医院で、設立趣意書が不要な自治体なので設立総会議事録に簡単な経緯と法人名由来を記載したケースにおける議事録の設立の趣旨の例　121

⑥開設実績ゼロで在宅療養支援診療所、訪問看護、訪問介護を設立時より開設した医療法人のケースの趣意書例　122

第4章　事業計画書作成のポイント

4-1　事業計画書・予算書の基本的な考え方　126
〔1〕事業計画書・予算書作成のポイント　126
〔2〕事業計画書・予算書等の提出が不要になるケース　130
〔3〕予算書の数字について　131
　①運転資金必要額を減らすポイント　131
　②窓口収入を増やすポイント　131
〔4〕特殊なケースの事業計画書・予算書例　132
　①在宅療養支援診療所と訪問看護ステーション、訪問介護事業所を開設するケースでの事業計画、予算書例　132
　②自由診療のみの診療所複数か所（うち2か所は申請をした年に個人開設）をまとめて1つの法人にしたケースでの事業計画、予算書例　136
　③内部造作・医療機器を分割払いする事業計画書例　143

| 4-2 | 収入・支出予算明細書の作り方 | 149 |

〔1〕収入予算明細書作成のポイント ……………………………… 149
〔2〕支出予算明細書作成のポイント ……………………………… 150
〔3〕確定申告書を添付する場合 …………………………………… 152

| 4-3 | 具体的なチェックポイント | 153 |

第5章　基金・財産・負債のポイント

| 5-1 | 基金の金額設定の仕方 | 166 |

〔1〕そもそも基金制度は必要か？ ………………………………… 166
〔2〕基金総額の定め方 ……………………………………………… 167
〔3〕貸借対照表上の処理 …………………………………………… 167
〔4〕募集～引受～割当～基金拠出契約の流れ …………………… 171
〔5〕基金の会計上の扱い …………………………………………… 177

| 5-2 | 医療法人に引き継ぐ財産 | 180 |

〔1〕基本財産と通常財産 …………………………………………… 180
〔2〕財産種別ごとの考え方と注意点 ……………………………… 180
　①不 動 産　　180
　②現 預 金　　181
　③医業未収金　　181
　④医療用器械備品　　181
　⑤什器・備品、その他の有形固定資産　　181
　⑥電話加入権　　182
　⑦医薬品、診療材料等　　182
　⑧建物賃貸借のときの保証金　　182

もくじ

〔3〕 現物拠出の価額が相当である旨の税理士等の証明 ················ 183

5-3　医療法人に引き継ぐ負債 ················ 184
〔1〕 負債引継ぎの意義 ················ 184
〔2〕 引継ぎ可能な負債の範囲 ················ 184
〔3〕 運転資金の借入を引き継ぐことができない理由 ················ 188
〔4〕 引継ぎに必要となる根拠資料 ················ 189
　①当該借入により拠出財産を取得した裏付け（領収証等）　189
　②金銭消費貸借契約書　190
　③返済予定表　190
　④金融機関から引継ぎ承諾書を得る手順　190

5-4　財産目録に載せずに資産を移転する方法 ················ 191
〔1〕 売買契約、賃貸借契約 ················ 191
〔2〕 契約当事者としてMS法人を活用する場合 ················ 194

5-5　リース引継ぎに関するポイント ················ 195
〔1〕 リース会社からのリース引継ぎ ················ 195
〔2〕 リース会社以外からのリース引継ぎ ················ 195

第6章　診療所概要の作成ポイント

6-1　建物平面図や敷地図に関する注意事項 ················ 200
〔1〕 建物平面図や敷地図に関する基本事項 ················ 200
〔2〕 ビルの一室で開設する場合の図面3点セット ················ 203
〔3〕 保健所へ届け出ている図面と一致しているか ················ 203
〔4〕 そのほか建物平面図に関する注意事項 ················ 204

6-2　賃貸借契約書に関する注意事項 ………………………… 205
〔1〕賃貸借契約書に関する基本的な事項 ………………………… 205
〔2〕登記事項証明書の所有者と一致しているか ………………… 207
〔3〕覚書は貸主に事前に提示して承諾をもらう ………………… 207
〔4〕地番と住居表示の違い ………………………………………… 208
〔5〕賃貸借の期間 …………………………………………………… 209

6-3　役員就任予定者又は法人関係者から不動産を賃借する場合 ………………… 212
〔1〕近傍類似に関する書類が必要 ………………………………… 212
〔2〕賃料の設定について …………………………………………… 213

6-4　その他の注意事項 ………………………………………… 216
〔1〕診療科目を見直すべき ………………………………………… 216
〔2〕職員数は職員給与費内訳書と一致させる …………………… 217
〔3〕診療に従事する医師、歯科医師の届出が
　　済んでいるか確認する ………………………………………… 219
〔4〕建物の延べ床面積の記載ルールは自治体によって異なる … 220

6-5　病院の場合 ………………………………………………… 222
〔1〕診療所との差異 ………………………………………………… 222
〔2〕病院の概要を作成する際の留意点 …………………………… 230
　①人員基準を満たしているか　230
　②構造基準等を満たしているか　232

第1章

医療法人設立を検討するときに知っておくべきこと

1-1 医療法人についての基礎知識

〔1〕社団法人と財団法人

　法人には、大きく分けて「社団法人」と「財団法人」の2つがあります。

　「社団法人」とは、「一定目的のために結合した人の集団を基礎として作られる法人」（法律学小辞典第5版（有斐閣）P.597）、「財団法人」とは「一定の目的のために提供された財産を運営するために作られる法人」（同 P.478）であり、目的によってそれぞれ営利法人と非営利法人が存在します。

　「社団法人」のうち、営利を目的とするものの代表が「会社」です。一方、営利を目的としない社団法人には、一般社団・財団法人法（一般社団法人及び一般財団法人に関する法律／平成18年6月2日法律第48号）に基づく「一般社団法人」「公益社団法人」のほか、個々の特別法を根拠とする「労働組合」「認可地縁団体」などの中間的社団法人も存在し、「社団医療法人」もここに分類されます。

　もう一つの「財団法人」には、一般社団・財団法人法に基づく「一般財団法人」「公益財団法人」のほか、個々の個別法を根拠とする「学校法人」などがあり、「財団医療法人」もその一つです。

　ただ、現在では財団医療法人が新たに設立されることはほとんどなく、主流は社団医療法人です。これは、複数の人（自然人）が集まり、現金、不動産、医療機器など一定の財産を拠出（平成19年

施行の第 5 次医療法改正以前は「出資」) した団体が都道府県知事又は政令指定都市等の市長 (以下、本書においては「都道府県知事」という) の認可を受け、登記されることにより成立する医療法人形態です。

●医療法　第 39 条、第 44 条、第 71 条の 3

> 第 39 条　病院、医師若しくは歯科医師が常時勤務する診療所又は介護老人保健施設を開設しようとする社団又は財団は、この法律の規定により、これを法人とすることができる。
> 2　前項の規定による法人は、医療法人と称する。
> 第 44 条　医療法人は、その主たる事務所の所在地の都道府県知事 (以下この章 (第 3 項及び第 66 条の 3 を除く。) において単に「都道府県知事」という。) の認可を受けなければ、これを設立することができない。
> 第 71 条の 3　この法律中都道府県が処理することとされている事務で政令で定めるものは、地方自治法第 252 条の 19 第 1 項の指定都市 (以下この条において「指定都市」という。) においては、政令の定めるところにより、指定都市が処理するものとする。この場合においては、この法律中都道府県に関する規定は、指定都市に関する規定として、指定都市に適用があるものとする。

社団医療法人内の最高法規として「定款」ですべてのことを定めます。

定款規定中の残余財産の処分方法により、「持分の定めのある社団」と「持分の定めのない社団」の 2 種類に大別されますが、平成 19 年施行の第 5 次医療法改正により、持分の定めのある医療法人の新規設立は認められなくなりました。

本書は医療法人設立認可申請に関する実務書ですので、新たに設

立されることがほとんどない財団医療法人、新たな設立ができない持分の定めのある社団医療法人、出資額限度法人、既に存在しない特別医療法人、また、医療法人設立認可後にしか申請することができない特定医療法人、社会医療法人についての説明は省略します。詳しく知りたい方は、『改訂版 医療法人の設立・運営・承継・解散』（日本法令）をご覧ください。

〔2〕持分なし社団医療法人と基金拠出型医療法人

　持分なし社団とは、定款規定中に「本社団が解散した場合の残余財産は、払込済出資額に応じて分配する」「社員資格を喪失した者は、その出資額に応じて払戻しを請求することができる」といった規定を持たない社団医療法人の総称です。第5次医療法改正以降、新規に設立可能な社団医療法人はこれのみになっています。

　持分なし社団のなかで、法人の資金調達手段として定款中に基金に関する条項を持つものが「基金拠出型法人」です。第5次医療法改正以降に新設される法人の多くはこの方式を採用しています。

　基金とは、上記法人の設立等にあたり拠出された金銭等の財産のことです。法人は拠出者に対して、定款の定めるところに従い、返還義務を負うことになりますが、この返還義務は約定劣後債であると解されています。約定劣後債とは、破産手続が開始した場合に破産手続における配当順位が劣後的破産債権よりも劣る旨の合意がされた債権のことで、破産手続のなかで最も弁済の優先順位の低い債権です。

　基金を引き受ける者の募集にあたり、基金拠出者の権利に関する規定及び基金の返還の手続きを定款で定める必要があり、基金には利息を付することができません。

また、基金の返還は、法人内部留保から、返還をする基金と同額を代替基金として貸借対照表上の純資産の部に計上し、定時社員総会の決議によって行います。なお、代替基金は法人存続期間中を通じて取り崩すことはできません。

〔3〕いわゆる広域医療法人・一人医師医療法人

　「広域医療法人」「一人医師医療法人」という特別な医療法人形態があるわけではなく、都道府県をまたがって医療施設等を開設している法人のことを「広域医療法人」、常勤医師が1、2名で診療所を開設している医療法人のことを「一人医師医療法人」と呼びます。いずれも通称です。

　広域医療法人は、開設しようとする医療機関の数が増える分、設立認可申請時に作成すべき書類も増えますが、特別な手続きが必要になるわけではありません。基本的な手続きは同じです。

 役立つ実務ネタ

　最初から2つ以上の都道府県にまたがって医療施設等を開設する、いわゆる広域医療法人を設立申請することは可能ですが、手続きにかかる期間は長くなります。

　また、医療法人の設立申請にあたって、例えば東京都では、2年以上の開業実績があって黒字の確定申告書の写しを提出する場合、申請書類への予算書の添付が不要になりますが、最初から2つ以上の医療施設等を開設する場合は2年以上の開業実績があっても予算書の添付が必要です。

　一方、一人医師医療法人は、昭和61年施行の第1次医療法改正

時に医療法第39条中「医師若しくは歯科医師が常時3名以上勤務する診療所〜」の下線部分が削除されたことにより設立が可能になりました。この場合の手続きも、医師が3名以上勤務する医療法人と変わりません。

 役立つ実務ネタ

　「一人医師医療法人だから、社員も1名でいいんですよね？」と聞かれたことがありますが、決してそうではありません。
　一人医師医療法人であろうとなかろうと、医療法人の設立認可申請に必要な手続きも医療法人の組織形態も基本的には変わりません。

〔4〕医療法人の機関（組織形態）

　医療法人の組織形態は、株式会社制度と似ている部分もある一方、決定的に異なる部分もあります。医療法人をスムーズに運営し、維持管理するには、「社員」「社員総会」「役員（理事、監事）」「理事会」の機能と権限を十分に理解する必要があります。順に説明しましょう。

① 社　　員

　社員とは、社団医療法人の構成員のことです。社員総会で1人1個の議決権を有します（医療法第46条の3の3第1項）。株式会社で言えば、株主に近い存在とも考えられます。
　社員の資格の取得や喪失については、定款で規定されます（医療法第44条第2項第8号）。

② 社員総会

　社員によって構成される合議体のことです。株式会社における株主総会に相当します。理事の選任権（医療法第46の5第2項）、解任権（同第46条の5の2第1項）を行使することで、社団医療法人における事実上の最高意思決定機関と言えます。

　社員総会においては、株式会社のような資本多数決の原理は適用されていません。出資持分のある医療法人においても、社員の議決権は出資持分の有無や金額等にかかわらず、1人1個です。出資持分をまったく持たない社員も存在し得ます。社員総会の議事は、原則として出席者の過半数で決します。

③ 役　　員

　医療法人の「役員」には、原則3名以上の理事と1名以上の監事を置かなければなりません（医療法第46条の5第1項）。また、理事のなかから1名、理事長を選出する必要があります。

　任期については、「2年を超えることはできない。ただし、再任を妨げない」と医療法に規定されています。役員の数が欠けた場合、新たに選任された役員が就任するまで、自ら辞任した、又は任期満了により退任した役員が引き続き役員としての権利義務を有するという点には注意してください（医療法第46条の5の3第1項）。

　役員のうち「理事」とは、株式会社の取締役に近い存在です。株式会社と取締役の関係と同じように、医療法人と理事も委任関係になります（医療法第46条の5第4項）。理事の役割は法人の常務を処理することであり、自然人であることが前提です（医療法人運営管理指導要綱）。株式会社などの法人が理事に就任することはできません。

また、医療法人に著しい損害を及ぼす恐れのある事実を発見した場合、直ちにその事実を監事に報告しなければなりません（医療法第46条の6の3）。

　役員のうち、株式会社での代表取締役に相当するのが「理事長」です。理事長は医療法人の代表者で、医療法人の業務に関する一切の裁判上、裁判外の行為をする権限を有します（医療法第46条の6の2第1項）。

　原則、理事長は医師又は歯科医師でなければなりません。理事長の選出及び解職は、理事会で多数決によって行われます（医療法第46条の7第2項第3号）。

　「監事」は、医療法人の理事会に出席し、医療法人の業務や財産状況について監査等を行います（医療法第46条の8）。社団医療法人では、監事は社員総会において選出します（医療法第46条の5第2項）。

④ 理事会

　理事によって構成される合議体のことです（医療法第46条の7第1項）。株式会社における取締役会に相当し、その機能や権限も似ています。

　理事会は、医療法人における業務執行の意思決定機関です。平成27年度改正以前の医療法においては理事会を定義づける規定はありませんでしたが、医療法第46条の2第1項に、医療法人の機関として理事会が明示されました。また、定款又は寄附行為をもって定めなければならない事項に、「理事会に関する規定」が追加されました（医療法第44条第2項第7号）。

　医療法人の業務は、理事の過半数で議決され、理事長が代表として執行します。

〔5〕定期的に行う必要がある届出、登記

　医療法人の設立後もさまざまな認許可届出・登記手続が必要になります。ここでは、定期的に行わなければならない届出と登記に絞って紹介します。そのほかも含めて詳しく知りたい方は『改訂版 医療法人の設立・運営・承継・解散』（日本法令）をご参照ください。

① 決算届出／事業報告（都道府県）
　すべての医療法人は、毎会計年度終了後3か月以内に事業報告等をとりまとめ、都道府県知事に提出しなければなりません。

② 登記事項届出（都道府県）
　医療法人の名称、主たる事務所（所在地）、目的（病院、診療所、附帯事業所等の名称及び所在地）、役員（理事長氏名住所、就任年月日）、資産総額に変更があった場合、法務局で登記後、都道府県知事に対して登記が完了した旨を届け出なければなりません。

③ 役員変更届出（都道府県）
　医療法人の役員の任期は2年を超えることができないので、最低でも2年に1度役員（理事及び監事）の改選をしなければなりません。それ以外にも役員に変更があった際は、都道府県知事にその旨を届け出る必要があります。

④ 理事長の変更登記（法務局）
　医療法人の役員は、組合等登記令により、「代表権を有する者の氏名、住所及び資格」のみが登記事項になっています。そのため、

役員としては理事長についてのみ登記する必要があります。
　前述したように医療法人の役員は2年に1度改選を行うので、理事長も2年に1度改選が必要です。それ以外にも理事長に変更があった際は理事長の変更登記を行わなければなりません。

⑤ 資産の総額の変更登記（法務局）

　医療法人は、毎事業年度終了後3か月以内に資産の総額を登記しなければなりません。つまり、資産の総額の変更登記は毎年必要です。

　なお、登記するのはあくまで資産の総額であり、資本金や基金ではありません。医療法人設立時の資産の総額は基本的には設立時の基金と同額なので勘違いされる方もいるかもしれませんが、基金の金額として登記しているわけではありません。ご注意ください。

1-2 医療法人化のメリット・デメリット

〔1〕メリット・デメリット

「個人開設と医療法人、メリットが大きいのはどちらですか?」と、診療所の先生からよく質問をいただきます。一般的には医療法人にしたほうが節税になる場合が多いですが、社会保険の負担を含めた全体的な資金繰りで判断をすべきです。また、医療法人の場合、個人開設には必要のない手続きが求められるなど、さまざまな負担もあります。

個人開設と医療法人のメリットとデメリットについて、11の観

【個人開設と医療法人のメリット・デメリットの比較】

	個人開設	医療法人
税金面	不利なケースが多い	有利なケースが多い
相続対策	対策を取りづらい	対策を取りやすい
運営・手続き面	手続きが楽	手続きが煩雑
社会保険加入	労働者が5人未満の場合は任意加入	労働者数に関係なく加入義務がある
行政の関与度合い	低い	高い
経費面	法人より経費がかからない	個人より経費がかかる
資金自由度	高い	低い
所有資産自由度	高い	低い
事業拡大の可能性	低い	高い
物販	制限がない	制限がある
事業廃止	しやすい	しづらい

点からまとめましたので、よく考えてご判断ください。

① 税金面

　一般的に、医療法人化を考える目的の多くは、節税だと思われます。実際、個人開設に比べて医療法人のほうが節税効果は高いです。主な理由は、下記のとおり4つあります。

> ①　経営者にも給料が支払えるため、給与所得控除の分だけ課税所得金額を減らすことが可能です。平成26年度税制改正により給与所得控除の上限が引き下げられ、平成29年分以降は220万円になりましたが、それでもまだ節税効果は高いと言えます。
> ②　親族を役員にし、非常勤報酬を支払うことができます。
> 　　個人開設の場合、親族に対する報酬は青色専従者給与しか認められません。青色専従者給与は専従であることが条件のため、親や子どもに対して報酬を支払うことは難しく、多くの場合、配偶者しか認められません。
> 　　医療法人の場合、親や子どもを役員にすることができ、実態に応じて非常勤報酬を支払うことも可能です。
> 　　節税の基本は所得の分散ですから、親や子どもに報酬を支払うことで節税効果が高まります。
> ③　役員を被保険者とした生命保険に加入することができ、支払った保険料を経費に計上することができます。
> 　　掛け捨て以外のほとんどの生命保険は、保険料の半分しか経費にすることができませんが、個人開設の場合、どんなに保険料を支払っても最大12万円までしか所得控除されないことを考えると、節税効果は高いです。

④ 役員に対し、退職金を支給することができます。

② 相続対策

　個人開設の診療所でできる相続対策は限られています。医療法人のほうができることは多いです。

③ 運営・手続き面

　医療法人化することで負担は増えます。個人開設の場合、毎年の確定申告を除き、開業時以外の手続きはほとんどありません。確定申告も多少の手間はかかるものの、必ずしも税理士に依頼しなければできないわけではありません。

　一方、医療法人化すると、9ページで紹介したように、決算届や資産総額変更届などは毎年、役員変更届も2年に1度、提出する必要があります。税務署への申告も、別表や内訳書などの書類の添付が必要となるため、税理士に依頼しなければ難しいでしょう。また、社員名簿、役員名簿、定款、議事録など備えるべき書類も増えます。

④ 社会保険加入

　個人開設の場合は、労働者が5人未満の場合には社会保険の加入義務はありませんが、医療法人の場合は労働者数に関係なく社会保険への加入義務があります。社会保険の負担は非常に重く、最近では節税よりも社会保険料の節約のほうが人気があるくらいです。

　特に理事長や理事長の配偶者など役員の社会保険料負担は、個人開設に比べて格段に増える可能性があるので注意が必要です。

⑤ 行政の関与度合い

　個人開設の診療所は、医療法人に比べて行政の関与は少ないです。税務調査、個別指導、立入検査はありますが、いずれも頻繁に実施されるものではありません。

　一方、医療法人は前述のように都道府県に対してさまざまな書類を提出する義務があるため、行政の関与度合いも格段に高くなります。

　例えば、役員の変更にしても、「診療所から遠い地域にいる人は基本的には好ましくない」「親族は監事になれない」などと指摘されるほか、新たに役員に就任した人の履歴書や印鑑証明書などを添付する必要もあります（添付書類は都道府県によって異なります）。

　定款変更認可申請には、さらにたくさんの添付書類が求められ、添付書類が増えるほどに、自治体職員からの確認事項も増えます。

⑥ 経 費 面

　「④社会保険加入」で説明したように、社会保険料の負担は無視できません。節税効果のみで判断するのではなく、社会保険料の負担増も考慮した上で医療法人化するかどうかを判断してください。

　また、「③運営・手続き面」で説明したように、医療法人化することで必要な手続き、書類が増えます。その分、税理士や司法書士、行政書士などに支払う報酬も増えるでしょう。

　さらに、医療法人の場合、赤字でも納税義務のある法人住民税の均等割額もかかります。

⑦ 資金自由度

　個人開設の場合、診療所の資金を経営者が個人的なことに使っても、経営者自身のお金を経営者自身が使っただけですから、貸し借

りは発生しません。

　ところが、医療法人化すると法人という別人格が生まれるので、医療法人の資金を経営者が個人的なことに使ってしまうと、医療法人との間に貸し借りが発生してしまいます。そのため、医療法人化した診療所のドクターから、「お金の自由がなくなった」と言われるケースは多いです。

　医療法人化するということは、経営者も他の職員と同様に給与所得者になるということです。個人的な支払いはすべて自らの給料のなかから支出しなければなりません。

⑧ 所得資産自由度

　個人開設の場合、個人が所有する土地、建物、預貯金の使い方に制限はありません。個人が所有する遊休地でアパートを経営したり、駐車場経営をしたりすることも可能です。

　しかし、医療法人の場合、医療法で業務が制限されています。遊休地があってもアパート経営はできませんし、駐車場経営も来院者向けなどに限られます。

⑨ 事業拡大の可能性

　医療法人であれば分院を開設することができますが、個人開設の診療所ではできません。また、有料老人ホームなどの介護保険事業も、医療法人であれば可能ですが、個人開設の場合、通所介護（デイサービス）、グループホーム、有料老人ホームなどのように、設置主体が法人格でなければならない事業は行えません。

　また、最近では営利法人と事業提携する医療機関が増えていますが、事実上、医療法人でなければ提携は不可能です。

　なぜなら、一般的に営利法人と医療機関との業務提携は、営利法

人側が資金、信用力、営業力を提供し、医療機関側が医療の場や医療技術を提供することで成り立ちます。特に、営利法人からの資金提供は欠かせません。

ところが、提携先が個人開設では、営利法人はドクター個人に対する貸付金としてしか資金提供を行えません。また、個人開設の経営者はドクター1人なので、営利法人が法的に経営に参画することも不可能です。

その点、医療法人であれば、営利法人が基金又は出資として拠出することができるほか、医療法人の非営利性や開設・経営に影響を与えないかに配慮した上で営利法人の役員や職員が医療法人の社員や理事になることで経営に参画することもできます。

⑩ 物　　販

最近ではサプリメントなどの物販を行う診療所が増えています。

しかし、医療法人ができる業務範囲は制限されています。診療所に通院する患者を対象に、医療提供や療養の向上の一環として行うのであれば認められますが、療養の向上と直接関係性の低いサプリメントなどの販売はできません。

また、医療法人は通販を行うことは認められていません。

⑪ 事業廃止

個人開設の場合、事業を廃止するには保健所に診療所廃止届を提出するのみですから、手続きは簡単です。

医療法人であっても診療所を廃止するだけであれば同じですが、問題は「医療法人という法人格をどうするか」です。

医療法人の解散には都道府県知事の認可が必要なので、医療法人解散認可申請を行い、その後、法務局に解散の登記を行います。そ

れが済んだ後、さらに官報等への公告、清算結了の登記などが必要なので、煩雑な手続きを要します。

なお、医療法人の解散には解散認可申請を行う以外にも、より簡単な方法もありますが、それは「社員の欠乏」という裏技的な方法です。ちなみに社員とは、職員のことではなく、社員総会の議決権を持つ社員のことです。

全社員が辞めてしまった場合、定款に定められた解散事由に該当します。この場合、解散認可申請は必要なく、医療法人解散届を提出するのみで済みます。ただし、法務局への解散登記、清算結了登記等は必要です。

このほか、医療法人を譲渡（M＆A）する方法もありますが、いずれにしても簡単ではありません。

以上のように、個人開設と医療法人はそれぞれにメリット、デメリットがあります。節税になるという理由だけで医療法人化を行い、あとから「やっぱり個人に戻したい」とおっしゃるドクターもいますが、医療法人化した後で個人開設に戻すのは非常に困難です。医療法人化するかどうかは、節税だけではなく、今後の事業展開、相続対策、後継者の有無なども含め、総合的に判断してください。

〔2〕医療法人化した場合のシミュレーション

個人開設の診療所を医療法人化した場合、経費や税金、手取り額などはどう変わるのか、シミュレーションを行いました。ドクター（理事長）1名、スタッフ4名の診療所で、両親を役員として医療法人化したケースを想定しています。

[医療法人化した場合のシミュレーション]

	個人開設	医療法人	備考
収　　入	50,000,000	50,000,000	
理事長報酬		18,000,000	理事長報酬を月額150万円で試算
理事報酬		1,920,000	両親を役員として、それぞれ月額8万円で試算
社会保険料		3,300,000	理事長とスタッフ4名分（平均給与25万円）で協会けんぽの東京都の保険料を概算
その他の経費	25,000,000	25,000,000	
経費合計	25,000,000	48,220,000	
利　　益	25,000,000	1,780,000	
法人税（地方法人税含む）		278,700	
所得税（復興所得税含む）	7,355,200		所得税・地方税ともに所得控除は考慮せずに試算（以下、同じ）
地　方　税	2,500,000	104,400	法人事業税はすべて非課税として東京都の税率で試算。医療法人のみ均等割を加算
税金小計	9,855,200	383,100	
理事長の給与収入		18,000,000	
理事長の給与所得		15,550,000	
所得税（復興所得税含む）		3,671,000	
地　方　税		1,555,000	
税金小計	0	5,226,000	
院長（理事長）の手取額	15,144,800	12,774,000	社会保険の自己負担分は考慮せずに試算
理事の手取額		1,920,000	
医療法人の内部留保額		1,396,900	
手取及び内部留保額合計	15,144,800	16,090,900	
税金合計	9,855,200	5,609,100	
社会保険負担額	0	3,300,000	

●節税効果
　個人開設9,855,200円－医療法人・個人税金合計5,609,100円＝4,246,100円
●手取額（理事長12,774,000円＋理事1,920,000円＋医療法人内部留保1,396,900円）－個人開設15,144,800＝946,100円

このシミュレーション結果では、年間約424万円の節税効果がありました。ただ、社会保険料の負担は年間約330万円増えるので、医療法人と理事長個人を含めた全体的な手取り額は年間約94万円しか増えません。いかに社会保険料の負担が重いか、ご理解いただけると思います。

 役立つ実務ネタ

　医療法人化すると、理事長の氏名や住所は登記事項になるため、登記事項証明書（登記簿謄本）に記載されます。登記事項証明書は誰でも取得することができるため、特に理事長が女性の場合、個人情報が公になることを嫌がるドクターもいます。医療法人化を検討する際は、その点を事前に理事長にご理解いただくべきです。

　また、都道府県に提出する決算届、事業報告書も誰でも閲覧可能ですので、閲覧者は医療法人の財産状態、経営実績を知ることができます。そして事業報告書には役員及び評議員の氏名を記載する欄があります。この役員及び評議員の氏名は、実は社会医療法人と特定医療法人以外の医療法人は記載を省略することができますが、省略せずに記載すると、誰が役員になっているのか他人に知られてしまいます。

　事業報告書に役員の氏名を記載する場合は、事前に誰もが閲覧可能であることを各役員に説明し、了解を得ることをおすすめします。

1−3 MS法人の活用という選択肢

〔1〕MS法人の活用

　「MS（メディカルサービス）法人」という言葉を耳にしたことがあるでしょう。MS法人は俗称であり、法的にはMS法人という法人類型は存在しませんが、一般的に、医療機関と不動産賃貸などの何らかの取引を行う同族経営の株式会社のことを指します。

　また、医療機関と直接取引がなくても、コンタクトレンズ販売、化粧品・サプリメント販売等を行う医療機関と同一の経営者が経営する株式会社もMS法人と呼びます。

　MS法人を設立する目的として一般的に挙げられるのは、次の5点です。

> ① 節税のため
> ② 医療法人や個人開設の医療機関では行えない介護サービス事業や、医療法人では行えない患者以外へのコンタクトレンズや化粧品等の販売、通販を行うため
> ③ 不動産管理会社として
> ④ クリニックの多施設（フランチャイズ）展開のため
> ⑤ 医療法人から資金を移すため

　目的の一番目に「節税」を挙げましたが、実際は、MS法人は節税につながらないことのほうが多いです。理由は、MS法人に消費

税が課されるからです。

　ただし、個人開設の診療所がMS法人を設立する場合は、節税になるケースのほうが多いでしょう。MS法人に消費税が課されますが、下記の理由により、消費税以上の節税効果を十分に期待できるからです。

① 経営者に給料を支払えます。医療機関を個人開設しているドクターであってもその例外ではありません。
② 親族を役員にでき、非常勤報酬を支払うこともできます。
③ 役員を被保険者とした生命保険に加入でき、支払った保険料を経費にすることができます。
④ 役員に対して退職金を支給することができます。
⑤ 役員社宅を貸与することができます。
⑥ 所得税率より法人税率のほうが低く、個人の所得税は累進課税により所得が多い人ほど高い税率が課されるため、所得金額が多い人ほどMS法人を活用することで節税になります。

　このように個人開設の診療所であれば、医療法人化しなくてもMS法人を活用することで十分に節税ができます。特に後継者がいないために、いずれは医療機関を閉院する予定の場合、医療法人化すると廃業の手続きが面倒なので、MS法人を活用するケースが多いようです。

　一方、すでに医療法人になっている医療機関がMS法人を設立すると、ほとんどの場合で損をしますが、それでもMS法人が必要なケースはあります。特に病院の場合、以下のような理由からMS法人が必要となることがあります。

① 医療法人で不動産を所有することが望ましくないケース

　医療法人は職員向けの社宅や高齢者専用賃貸住宅など限られた用途でしか不動産賃貸を行えません。その点、MS法人はどんな事業も行えます。

　また、医療法人は社員1人が1個の議決権を持っているので支配権の確保が難しく、乗っ取られやすい体質です。医療法人ですべての不動産を所有していると、乗っ取られた場合にすべての財産を失います。不動産をMS法人が所有することは、乗っ取り防止対策にもなります。

② 将来の相続対策

　医療法人は基本的にドクターでないと理事長になれません。非医師でも認められることはありますが、たとえなれたとしても、非医師が医師や看護師、薬剤師などの国家資格を持ったプロ集団をまとめて、経営していくことは大変なことです。

　ですから、医療機関の跡を継ぐのは一般的にはドクターになったお子様だけであり、ドクターになったお子様が複数いても医療機関の理事長になれるのは当然1人です。

　そのため、相続対象資産が医療機関のみの場合、理事長になれない他のお子様に不公平感が残り、相続が"争続"になることがあります。その点、MS法人は配当もできますし、代表取締役に資格は必要ありません。複数の代表者を置くことも可能です。

③ 医療法人から資金を移したいケース

　医療法人は配当が禁止されているので、内部留保を自由に使うことはできません。また、医療法人にたまった内部留保は、いざというときにすぐに使えるわけではありません。

ただし、MS法人に資金を移す場合には非営利の原則に反しないように注意する必要があります。

〔2〕関係事業者との取引の状況に関する報告書

平成27年度の医療法改正で、決算届（事業報告書）に関する規定が下記のように改正されました。

●**医療法　第51条**（下線は平成27年度の改正箇所）

> 第51条　医療法人は、毎会計年度終了後二月以内に、事業報告書、財産目録、貸借対照表、損益計算書、関係事業者（理事長の配偶者がその代表者であることその他の当該医療法人又はその役員と厚生労働省令で定める特殊の関係がある者をいう。）との取引の状況に関する報告書その他厚生労働省令で定める書類（以下「事業報告書等」という。）を作成しなければならない。

この改正により、平成29年4月2日以後に開始する会計年度から、事業報告書に次の様式が追加されました。

[関係事業者との取引の状況に関する報告書の様式]

様式5

法人名 ＿＿＿＿＿＿＿＿＿＿
所在地 ＿＿＿＿＿＿＿＿＿＿

※医療法人整理番号 □□□

関係事業者との取引の状況に関する報告書

(1) 法人である関係事業者

種類	名称	所在地	総資産額（千円）	事業の内容	関係事業者との関係	取引の内容	取引金額（千円）	科目	期末残高（千円）

（取引条件及び取引条件の決定方針等）

(2) 個人である関係事業者

種類	氏名	職業	関係事業者との関係	取引の内容	取引金額（千円）	科目	期末残高（千円）

（取引条件及び取引条件の決定方針等）

　MS法人は「関係事業者」に該当するため、下記にあたる取引について報告しなければなりません。

[当該医療法人と行う取引]

(医療法人の計算に関する事項について［医政発0420第7号平成28年4月20日付］より抜粋)

> ① 事業収益又は事業費用の額が、1千万円以上であり、かつ当該医療法人の当該会計年度における事業収益の総額（本来業務事業収益、附帯業務事業収益及び収益業務事業収益の総額）又は事業費用の総額（本来業務事業費用、附帯業務事業費用及び収益業務事業費用の総額）の10パーセント以上を占める取引
> ② 事業外収益又は事業外費用の額が、1千万以上であり、かつ当該医療法人の当該会計年度における事業外収益又は事業外費用の総額の10パーセント以上を占める取引
> ③ 特別利益又は特別損失の額が、1千万円以上である取引
> ④ 資産又は負債の総額が、当該医療法人の当該会計年度の末日における総資産の1パーセント以上を占め、かつ1千万円を超える残高になる取引
> ⑤ 資金貸借、有形固定資産及び有価証券の売買その他の取引の総額が、1千万円以上であり、かつ当該医療法人の当該会計年度の末日における総資産の1パーセント以上を占める取引
> ⑥ 事業の譲受又は譲渡の場合、資産又は負債の総額のいずれか大きい額が、1千万円以上であり、かつ当該医療法人の当該会計年度の末日における総資産の1パーセント以上を占める取引

こうした報告義務を嫌って、「医療法人を解散して個人開設に戻したい」という相談もあるので、今後、医療法人化を検討する場合は、この報告についてもよく考慮して決めるべきだと思います。

〔3〕MS法人を活用した場合のシミュレーション

個人開設の診療所がMS法人を設立した場合のシミュレーションを作成しました。

医療法人を設立した場合のシミュレーションと同様に、節税効果はあります。このシミュレーションでは年間約302万円もの節税効果がありますが、社会保険料の負担が年間約190万円増えるため、MS法人と個人を含めた全体的な手取り額は年間約12万円しか増えていません。

医療法人化した場合と比べると手取り額は明らかに減りますが、自由度は高くなります。

[シミュレーション（個人開設のみの場合）]

	個 人 開 設	備　　考
収　　入	50,000,000	
青色専従者給与	4,800,000	院長夫人に対して月額40万円で試算
スタッフ給料	12,000,000	うち事務スタッフは2名で年間480万円（平均給与20万円）とする
その他の経費	8,200,000	
経 費 合 計	25,000,000	
利　　益	25,000,000	
所得税（復興所得税含む）	7,355,200	所得税・地方税ともに所得控除は考慮せずに試算（以下、同じ）
地 方 税	2,500,000	
税 金 小 計	9,855,200	
院長夫人の給与収入	4,800,000	
院長夫人の給与所得	3,300,000	
所得税（復興所得税含む）	237,300	
地 方 税	330,000	
税 金 小 計	567,300	
院長の手取額	15,144,800	
院長夫人の手取額	4,232,700	
手 取 額 合 計	19,377,500	
税 金 合 計	10,422,500	

[シミュレーション（MS法人を活用した場合）]

	個人開設	MS法人	備考
収　入	50,000,000	20,400,000	
代表者報酬		9,600,000	院長夫人を代表者として、月額80万円で試算
理事報酬		1,920,000	両親を役員として、それぞれ月額8万円として試算
スタッフ給料	7,200,000	4,800,000	
社会保険料		1,900,000	院長夫人とスタッフ2名分（平均給与20万円）で協会けんぽの東京都の保険料を概算
MS法人への委託費	20,400,000		事務経理委託などの名目で月額170万円で試算
消費税		755,500	簡易課税で試算
その他の経費	8,200,000	1,000,000	
経　費　合　計	35,800,000	19,975,500	
利　　益	14,200,000	424,500	
法人税（地方法人税含む）		66,300	
所得税（復興所得税含む）	3,216,100		所得控除は考慮せずに試算
地方税	1,420,000	98,800	東京都の税率で試算。MS法人のみ均等割を加算
税　金　小　計	4,636,100	165,100	
院長夫人の給与収入		9,600,000	
院長夫人の給与所得		7,440,000	
所得税（復興所得税含む）		1,097,700	
地方税		744,000	
税　金　小　計	0	1,841,700	
院長の手取額	9,563,900		
院長夫人の手取額		7,758,300	社会保険の自己負担分は考慮せずに試算
理事の手取額		1,920,000	
MS法人の内部留保額		259,400	
手取及び内部留保額合計	9,563,900	9,937,700	
税　金　合　計	4,636,100	2,762,300	MS法人は消費税も含む
社 会 保 険 負 担 額	0	1,900,000	

●節税効果　個人開設10,422,500円－（院長4,636,100円＋MS法人・院長夫人2,762,300円）＝3,024,100円
●手取額　（院長9,563,900円＋院長夫人・理事・MS法人内部留保9,937,700円）－個人開設19,377,500＝124,100円

〔4〕MS法人との主な取引例

　MS法人の主な業務には、次のようなものがあります。

① 不動産賃貸
② コンサルタント業務
③ 清掃業務請負
④ 医療事務代行
⑤ 経理事務委託業務
⑥ 給与計算事務委託業務
⑦ 売店の経営
⑧ 化粧品の製造・販売
⑨ サプリメントの製造・販売
⑩ メディカルフィットネスクラブ等の経営

　MS法人との取引にあたっては、適正性が重要です。税務調査で否認されないよう、契約書をきちんと作る、金額の算定根拠を用意する、MS法人側で収入に対する原価（費用）があるか確認するといったことに気をつけてください。

1-4 医療法人設立認可申請にかかわる諸法令

〔1〕認可主義とは

　医療法人の設立を検討するにあたって、その設立形態についても知っておいてください。

　法人の設立形態には、「許可主義」「認可主義」「認証主義」「準則主義」という4段階があります。設立にあたって主務官庁の関与度合いが最も強いのが許可主義で、ほとんど関与されることはなく要件を満たしてさえいれば設立が認められるのが準則主義です。

　このうち、医療法人は認可主義にあたります。

　法律の定める要件を満たしていても設立の可否は主務官庁の裁量にゆだねられる許可主義とは異なり、認可主義では、法定要件を備えていれば、法人設立が認可されます。認可するかどうかについて、主務官庁の裁量の余地はありません。

〔2〕医療法

　医療法人の設立方式は認可主義であると紹介しましたが、具体的には、医療法の規定により都道府県知事の認可を受けて設立できる法人です。

　医療法人は医療法第63条、第64条に明記されているように、その運営も都道府県の監督下にあります。

●医療法　第63条・第64条

> 第63条　都道府県知事は、医療法人の業務若しくは会計が法令、法令に基づく都道府県知事の処分、定款若しくは寄附行為に違反している疑いがあり、又はその運営が著しく適正を欠く疑いがあると認めるときは、当該医療法人に対し、その業務若しくは会計の状況に関し報告を求め、又は当該職員に、その事務所に立ち入り、業務若しくは会計の状況を検査させることができる。
> 2　第6条の8第3項及び第4項の規定は、前項の規定による立入検査について準用する。
> 第64条　都道府県知事は、医療法人の業務若しくは会計が法令、法令に基づく都道府県知事の処分、定款若しくは寄附行為に違反し、又はその運営が著しく適正を欠くと認めるときは、当該医療法人に対し、期限を定めて、必要な措置をとるべき旨を命ずることができる。
> 2　医療法人が前項の命令に従わないときは、都道府県知事は、当該医療法人に対し、期間を定めて業務の全部若しくは一部の停止を命じ、又は役員の解任を勧告することができる。
> 3　都道府県知事は、前項の規定により、業務の停止を命じ、又は役員の解任を勧告するに当たつては、あらかじめ、都道府県医療審議会の意見を聴かなければならない。

〔3〕行政手続法

　診療所の医療法人化に際しては都道府県や保健所への許認可申請や届出といった行政手続が欠かせません。行政手続について定めた法律が「行政手続法」です。

　行政手続法は、「処分、行政指導及び届出に関する手続並びに命令等を定める手続に関し、共通する事項を定めることによって、行

政運営における公正の確保と透明性の向上を図り、もって国民の権利利益の保護に資することを目的」（行政手続法第1条）としています。

なお、行政手続には行政指導がつきものですが、行政指導は自治体職員が自由にできるものではありません。その手続きも行政手続法によって定められています。

行政手続法は、行政手続を行う者が遵守すべき法律なのです。

① 審査基準と標準処理期間

行政手続法は、行政庁への申請に対する審査基準を作成すること、さらにその審査基準はできるだけ具体的なものとすること、審査基準を公にすることを義務付けています。

また、申請があってから処理されるまでに通常要する標準的な期間を定めて公にすることも義務付けています。

厚生労働省は平成6年10月31日付で「行政手続法の施行に伴う審査基準等の設定について」という通知を出し、医療法人に係る審査基準は「医療法人制度の改正及び都道府県医療審議会について」（昭和61年6月26日健政発第410号）にあるとしています。つまり、すべての都道府県及び政令指定都市等は同じ審査基準を用いることになります。

これに対し、病院や診療所開設許可などの審査基準は各市区町村が決定していますが、すべての市区町村は医療法関連法規を審査基準にしています。

また、標準処理期間についても、平成6年に厚生労働省が各都道府県に宛てた通知で次のように明記しています。

> ●医療法人設立の認可…6週間（医療審議会終了の日を起算日とする）
> ●定款の必要記載事項の変更…6週間（申請された日を起算日とする）

　このためか、最近ではどこの都道府県でも申請を収受した後に数か月も処理されないといったことはなくなりました。

　病院や診療所の開設許可などの手続きについては各市区町村が標準処理期間を決定しているため、標準処理期間は市区町村によって若干異なります。審査基準と標準処理期間はホームページ上で公開している市区町村が多いので、事前に調べておくとよいでしょう。

② 申請に対する審査、応答

　行政庁は、申請がその事務所に到達した際は遅滞なく審査を開始し、審査書類に不備がある場合は速やかに申請者に対して補正を求めなければなりません。また、行政庁は、申請された許認可等を拒否する場合は、申請者に対してその理由を示さなければなりません。

③ 行政指導

　行政指導とは、「行政機関がその任務又は所掌事務の範囲内において一定の行政目的を実現するため特定の者に一定の作為又は不作為を求める指導、勧告、助言その他の行為であって処分に該当しないもの」（行政手続法第2条の6）であり、いわば、行政からの"お願いごと"です。

　行政指導の一般原則は「任務又は所掌事務の範囲を逸脱してはならない」「相手方の任意の協力によってのみ実現されるもの」と、行政手続法に明記されています。ところが、実際には守られてな

いケースが多々見受けられます。

> **役立つ実務ネタ**
>
> 医療行政に関する法令解釈は「通知」という形式で、厚生労働省から都道府県や地方厚生局などに伝えられます。行政指導も、通知を根拠として行われることがありますが、本来、通知は行政指導の根拠になりません。なぜなら、通知は法規ではなく、それ自体に法的拘束力はないからです。

●行政手続法　第32条～第35条

(行政指導の一般原則)
第32条　行政指導にあっては、行政指導に携わる者は、いやしくも当該行政機関の任務又は所掌事務の範囲を逸脱してはならないこと及び行政指導の内容があくまでも相手方の任意の協力によってのみ実現されるものであることに留意しなければならない。

2　行政指導に携わる者は、その相手方が行政指導に従わなかったことを理由として、不利益な取扱いをしてはならない。

(申請に関連する行政指導)
第33条　申請の取下げ又は内容の変更を求める行政指導にあっては、行政指導に携わる者は、申請者が当該行政指導に従う意思がない旨を表明したにもかかわらず当該行政指導を継続すること等により当該申請者の権利の行使を妨げるようなことをしてはならない。

(許認可等の権限に関連する行政指導)
第34条　許認可等をする権限又は許認可等に基づく処分をする権限を有する行政機関が、当該権限を行使することができない場合又は行使する意思がない場合においてする行政指導にあっては、行政指導に携わる者は、当該権限を行使し得る旨を殊更に示すこ

> とにより相手方に当該行政指導に従うことを余儀なくさせるようなことをしてはならない。
> (行政指導の方式)
> 第35条　行政指導に携わる者は、その相手方に対して、当該行政指導の趣旨及び内容並びに責任者を明確に示さなければならない。
> 2　行政指導に携わる者は、当該行政指導をする際に、行政機関が許認可等をする権限又は許認可等に基づく処分をする権限を行使し得る旨を示すときは、その相手方に対して、次に掲げる事項を示さなければならない。
> 　一　当該権限を行使し得る根拠となる法令の条項
> 　二　前号の条項に規定する要件
> 　三　当該権限の行使が前号の要件に適合する理由
> 3　行政指導が口頭でされた場合において、その相手方から前二項に規定する事項を記載した書面の交付を求められたときは、当該行政指導に携わる者は、行政上特別の支障がない限り、これを交付しなければならない。
> 4　前項の規定は、次に掲げる行政指導については、適用しない。
> 　一　相手方に対しその場において完了する行為を求めるもの
> 　二　既に文書(前項の書面を含む。)又は電磁的記録(電子的方式、磁気的方式その他人の知覚によっては認識することができない方式で作られる記録であって、電子計算機による情報処理の用に供されるものをいう。)によりその相手方に通知されている事項と同一の内容を求めるもの

④　届　　出

　行政手続法は、届出書の記載事項に不備がないこと、届出書に必要な書類が添付されていること、その他の法令に定められた届出の形式上の要件に適合している場合は、当該届出が、法令により当該

届出の提出先とされている機関の事務所に到達したときに、当該届出をすべき手続き上の義務が履行されたものとすると定めています。

つまり、届出書の不受理など本来絶対にあってはならないものです。しかし現実には、届け出ても受け取りを拒否されるケースを散見します。

⑤ 行政手続条例

都道府県が行う行政指導は、行政手続法の適用が除外されており、実際は各都道府県の「行政手続条例」に基づいて行われます。そのため、行政指導を受けた際は、行政手続法と各都道府県の行政手続条例の両方を確認してください。

〔4〕行政書士法

都道府県に提出する医療法人設立認可申請書類や保健所に提出する診療所開設許可申請書類の作成を業務として行えるのは、行政書士のみです。

行政書士法第1条の2に「行政書士は、他人の依頼を受け報酬を得て、官公署に提出する書類その他権利義務又は事実証明に関する書類（実地調査に基づく図面類を含む。）を作成することを業とする」とあります。官公署に提出する書類の作成は、行政書士の独占業務なのです。行政書士又は行政書士法人ではない者がこれらの業務を行った場合には、1年以下の懲役又は100万円以下の罰金が科せられます（行政書士法第21条）。

許認可申請や届出書は申請のプロである行政書士に依頼したほうがスムーズに進むと思われます。なぜなら、問題が発生したときに

法的な代理権限を持っていると対処しやすく、電話での問合せや役所での対応も、法的に認められた代理人である行政書士が行うことでスムーズに事が運びやすいからです。

特に指導や法解釈をめぐって行政機関と対立した場合、行政書士の資格がなければ「どのような権限でこの書類を出しているのですか？」などと言われかねません。

また、許認可申請書や届出書を専門家に頼まず、申請者自ら提出することは極力避けるべきです。行政機関から質問を受けたときに、申請者本人であれば「わかりません」「知りません」といった曖昧な回答はできません。また、行政手続について熟知した行政書士であれば相手の質問の意図を汲んで答えることができますが、専門家ではない申請者本人の場合、質問の意図がわからないために言わなくてもよいことを言ってしまったり、不利な発言をしてしまったりすることが往々にしてあります。

また、指導を受けた際に、心のなかでは「おかしい」と思いつつも明確な根拠を持って反論することができず、指導をすべて受け入れてしまう傾向もあります。

しかるべき知識を持った代理人であれば、行政機関からの質問にも的確に対応できますし、間違った指導を受け入れることもありません。

役立つ実務ネタ

大阪市総務局長から「行政手続における行政書士などの適正な代理人による書類作成及び行政手続法等の適正な運用の確保について」という通知が平成28年5月31日に出されました。官公署に提出する法的書類の作成について、行政書士をはじめ法律上の権限を有する者が行うよう、周知・注意喚起する

内容です。
　この通知に、行政書士が代理申請を行う場合の認可申請書の様式も掲載されていますので、参考までに紹介します。

[代理申請を行う場合の認可申請書（大阪市）]

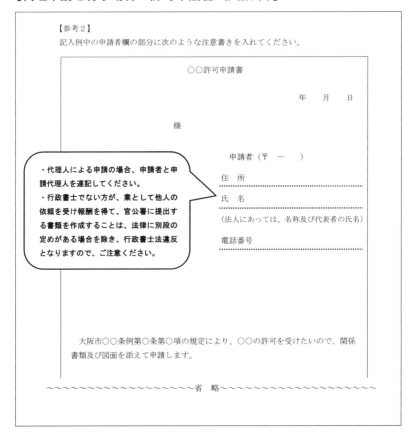

【参考3】
様式中に次のような申請代理人欄を設けてください。

○○許可申請書

年　月　日

　　　　　　　　様

　　　　　　　　　　　　　　申請者（〒　－　　）

　　　　　　　　　　　　　　住　所

　　　　　　　　　　　　　　氏　名
　　　　　　　　　　　　　　（法人にあっては、名称及び代表者の氏名）

　　　　　　　　　　　　　　電話番号

　　　　　　　　　　　　　　申請代理人（〒　－　　）
　　　　　　　　　　　　　　住　所
　　　　　　　　　　　　　　氏　名　　　行政書士事務所
　　　　　　　　　　　　　　　　　　行政書士　　　　㊞
　　　　　　　　　　　　　　電話番号

　大阪市○○条例第○条第○項の規定により、○○の許可を受けたいので、関係書類及び図面を添えて申請します。

～～～～～～～～～～～～～～～～省　略～～～～～～～～～～～～～～～～

※　上記は、行政書士が申請代理人となる場合の例ですが、当該手続きの実情に応じて必要とされる士業者を表記するようにしてください。

1−5　医療法人設立認可申請前に準備すべきもの

〔1〕現況の個人診療所に関して、保健所等に届け出なければならないことを終わらせておく

　医療法人の設立認可を受ける前に行わなければならない手続きを忘れているケースが多々あります。そうすると認可申請前に予定外の時間がかかったり、通常よりも厳しくチェックされたりするため、現況の診療所に関して保健所等に届け出なければならないことは、確実に準備を済ませておきましょう。

【保健所に対する届出義務のある事項】

1. 名称
2. 開設の場所
3. 診療科目
4. 医師、歯科医師、薬剤師、看護師その他の従業員の定員
5. 敷地の面積及び平面図
6. 建物の構造概要及び平面図
7. 歯科技工所を設けている場合はその構造設備の概要
8. 病床数
9. 管理者の住所及び氏名
10. 診療に従事する医師もしくは歯科医師の氏名、担当診療科名、診察日、診療時間

> 11. 薬剤師が勤務するときはその氏名

　なかでも特に注意が必要なものの一つが図面関連です。個人開設から医療法人に切り替える場合、個人で開設した当初の図面とは変わっているケースが少なくありません。医療法人設立認可申請書に添付する図面と保健所に提出する図面は一致する必要があります。

　また、婚姻によって名字が変わった場合などは医師免許証（歯科医師免許証）の名前を書き換えなければなりませんが、それには3か月ほどかかります。

　そのほか、保険医登録票が診療をしている都道府県に移されていないケースもよくあります。

　こうした変更手続は早めに済ませてください。

〔2〕設立認可申請書類一覧

　医療法人設立認可申請にあたって、都道府県に提出が必要な書類は下記のとおりです。かなりの分量があることがおわかりいただけると思います。

【医療法人設立認可申請書類一覧】

項　目	注意事項	項　目	注意事項
受付表	仮受付の際にのみ添付	委任状	
医療法人設立認可申請書		役員就任承諾書	
定款		管理者就任承諾書	
設立総会議事録		理事長医師免許証（写し）	
財産目録		管理者医師免許証（写し）	
財産目録明細書		理事医師免許証（写し）	
不動産鑑定評価書	不動産を拠出する場合	診療所等の概要	
減価償却計算書		施設等の概要	附帯業務を行う場合
基金拠出契約書等	基金制度を採用する場合	周辺の概略図	
拠出（寄附）申込書	基金制度を採用しない場合	建物平面図	
預金残高証明書	発行から3か月以内	不動産賃貸借契約書（写し）	賃借する場合
診療報酬等の決定通知書	未収入金を拠出する場合（直近2か月分）	覚書	賃貸借契約引継承認書
設立時の負債内訳書	負債を引き継ぐ場合	土地・建物登記事項証明書	発行から3か月以内
負債の説明資料	負債を引き継ぐ場合	近傍類似値について	設立しようとする医療法人の利害関係者等から物件を賃借する場合
負債の根拠書類	工事請負契約書、領収証など	事業計画書（2か年または3か年）	個人の実績がない場合
債務引継承認願		予算書（2か年または3か年）	個人の実績がない場合
リース物件一覧表	リース物件を引き継ぐ場合	予算明細書	
リース契約書（写し）	リース物件を引き継ぐ場合	職員給与費内訳書	
リース引継承認願	リース物件を引き継ぐ場合	実績表（2年分）	
役員・社員名簿		確定申告書（2年分）	提出可能な場合（付表を含む）
履歴書		診療所の開設届及び変更届の写し	個人診療所の実績がある場合
印鑑登録証明書	発行から3か月以内		

（東京都『医療法人設立の手引』より抜粋。注意事項は筆者）

〔3〕賃貸借契約書は要注意

　設立認可申請書類のうち、不動産賃貸借契約書には注意が必要です。貸主が大手企業の場合、賃借人が個人から医療法人に変わることに対し承諾をもらえるまでに時間がかかる傾向があります。

　貸主が変わっている場合は、新しい貸主から送付されてきた通知のコピーを準備するなど、賃貸借契約書の貸主から現在の貸主までの流れを説明できる資料も必要になります。

〔4〕申請途中での変更依頼が多いもの

　設立認可申請の途中で内容に変更があると、書類を作り直す必要があり、時間も労力も余計にかかります。ここでは特に注意が必要なものを紹介します。

① 医療法人名称の変更

　医療法人の名称に変更があると、ほとんどすべての書類を作り直さなければなりません。

　医療法人の名称については、都道府県により若干対応が異なるため、事前の確認が必須です。例えば、多くの都道府県は「医療法人社団○○会」を採用しますが、一部の都道府県では「社団」を省略して「医療法人○○会」としています。

　医療機関の名称についても、都道府県により若干対応が異なります。「医療法人社団○○会△△クリニック」と医療法人名から入れる都道府県と、「△△クリニック」のみの都道府県があります。前者の場合、すべての書類に医療法人社団から書かなければならないため、大変です。可能であれば、「△△クリニック」のみのほうが

便利でしょう。ちなみに、厚生労働省の定款例も「△△クリニック」のみです。

また、医療法人名は「○○会」がポピュラーですが、なかには「医療法人社団○○クリニック」というように、医療機関名を医療法人名にしているところもあります。これはあまりお勧めできません。

なぜなら、分院を開設すると「医療法人社団○○クリニック　△△クリニック」と医療法人名が不自然になり、都道府県から名称を変更するように指導を受けることになります。

そのほか、医療法人の名称として使用できないものもあります。

こうしたルールは都道府県によって異なりますが、ここでは参考までに東京都の例を紹介します。

［東京都の「医療法人の名称」に関するルール］

(1)「医療法人社団」「医療法人財団」は必ず表記してください。
(2) 誇大な名称は避けてください。
　（例）○○クラブ、○○研究会、○○グループ、セントラル、○○センター、第一○○、優良○○
(3) 国名、都道府県名、区名及び市町村名を用いないでください。
(4) 既存の医療法人（都内、他県の隣接地域にあるものを含む）の名称と同一又は紛らわしい表記は避けてください。
(5) 取引会社等関係がある営利法人等の名称は用いないでください。
(6) 診療科名を単独で法人名に使用することはできません。ただし、固有名詞（「クリニック」等）と組み合わせて使用することは可能です。

(7) 広告可能な診療科名として認められていないものを名称の中に含めることはできません。詳細は、「医業若しくは歯科医業又は病院若しくは診療所に関して広告し得る事項等及び広告適正化のための指導等に関する指針（医療広告ガイドライン）について／平成19年3月30日付け医政発第0330014号」を参照してください。
(8) 当て字等で通常の漢字と異なる読み方になるもの（アルファベット表記で読めないものを含む)は避けてください。
(9) 設立認可申請の際は、医療法人係に医療法人名称の照会を行ってください。

② 管理者の変更

　ごく稀ですが、管理者就任予定者が申請途中で辞めてしまうケースがあります。最悪の場合、申請が1回（都道府県によって異なりますが、年2回申請の場合は半年）遅れてしまいます。当然のことですが、申請途中で辞めてしまうリスクのある人を選ばないようにしましょう。

　また、管理者就任予定者には必ず申請前に医療法人の理事と管理者に就任することをしっかり説明しておくべきです。以前に、「理事になるとは聞いていない」という理由で、管理者就任予定者が実印押印を拒否したケースもありました。

役立つ実務ネタ

　父親が開業したクリニックを息子が継いだケースで、保健所届出上の管理者は父親のままになっていて、確定申告は息子名義になっていたことがありました。実質的に息子が経営をして

いたため、顧問税理士から「所得税は実質所得者課税だから息子が申告して大丈夫」とのアドバイスがあったようですが、医療法上は、完全に名義貸しにあたります。

医療法人の設立認可申請時に息子名義の確定申告書を添付したところ、「保健所届出上の管理者と違う」という理由で、法人の認可を受けられなかった事例がありました。

開設届と確定申告の名前は必ず同じでなければなりません。医療法人設立認可申請前に必ず確認してください。

〔5〕申請様式の入手

申請をスムーズに行うには、許認可申請書や届出書を提出する際、提出先の指定様式を使うことも大切です。

都道府県、政令指定都市、保健所によって、書類の様式が異なるケースがほとんどです。なかには、社員総会議事録のように本来は医療法人が任意で決められる書類についても様式を定めている都道府県もあります。その都道府県が指定する様式以外の社員総会議事録を提出したところ、「見づらい」との理由で変更を求められたこともありました。

定款も、「うちの県ではこの条文はいらない」「この条文を追加しろ」など、その都道府県独自の定款にこだわるところもあります。厚生労働省の定款例は、実務上はあまり意味がありません。

申請を行う都道府県の指定様式を確認することをお勧めします。多くの都道府県は、様式をホームページ上で公開しています。

ただし、愛知県や京都府、長野県のように様式を非公開にしているケースもあります。

京都府や長野県は電話等で連絡すればメールなどで様式や手引き

などを送ってもらえますが、愛知県は県が開催する説明会に出席しない限り、様式をもらえませんので注意が必要です。

※参考：愛知県の医療法人に関する手続きについて
http://www.pref.aichi.jp/soshiki/imu/0000069453.html

なお、都道府県によっては、医療法人の設立には「原則、2年以上の実績が必要」と明記しているところもありますが、医療法にそうした条件はありません。法的には、開業と同時に医療法人の認可を受けることも可能です。実績がないという理由だけで申請を受け付けないことは考えられませんので、あきらめずに電話等で確認すべきです。

 役立つ実務ネタ

　神奈川県の場合、医療法人設立認可申請書の素案を提出した後に形式審査を経て決まった来庁日に神奈川県庁で面談形式の事前審査を行います。

　来庁日は「平成28年10月13日（木）から平成28年12月8日（木）まで」といった形で指定され、この期間内で都合のよい日時を予約します。

　そして、事前審査には原則として理事長就任予定者の参加が必要ですので、入院中の者や海外に出ている者などは理事長就任予定者にすべきではありません。

　このように理事長就任予定者の面接がある都道府県もあるので、理事長を選ぶときには注意してください。

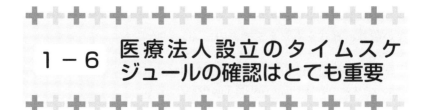

1-6 医療法人設立のタイムスケジュールの確認はとても重要

〔1〕全体のタイムスケジュール

「医療法人の設立」は、狭義に捉えれば、医療法人を設立できた時点で手続き完了となります。実際、東京都の「医療法人設立の手引」で紹介されているスケジュールは、医療法人の設立登記完了までです。

しかし、実際は医療法人を設立しただけでは何も始まりません。医療法人は医療の提供を目的として設立されますので、これまで個人で開設していたクリニックを医療法人の開設に切り替える必要があります。個人での開業実績がない場合でも、医療法人の設立登記後に診療所の開設手続が必要になります。

しっかり全体を把握し、逆算してタイムスケジュールを考えてください。

なお、医療法人化を進めるにあたってまず確認すべきは、「自分が医療法人を設立しようとする都道府県等では、どのようなスケジュールで申請を受け付けているか」という点です。

都道府県ごとに医療法人の設立認可スケジュールを公表しています。いつでも申請できるわけではなく、ほとんどの都道府県で申請の受付期間は限られており、年に2~3回程度です。説明会の有無や時期、参加の要否も都道府県によって異なるので気をつけてください。

などを送ってもらえますが、愛知県は県が開催する説明会に出席しない限り、様式をもらえませんので注意が必要です。

※参考：愛知県の医療法人に関する手続きについて
http://www.pref.aichi.jp/soshiki/imu/0000069453.html

なお、都道府県によっては、医療法人の設立には「原則、2年以上の実績が必要」と明記しているところもありますが、医療法にそうした条件はありません。法的には、開業と同時に医療法人の認可を受けることも可能です。実績がないという理由だけで申請を受け付けないことは考えられませんので、あきらめずに電話等で確認すべきです。

役立つ実務ネタ

　神奈川県の場合、医療法人設立認可申請書の素案を提出した後に形式審査を経て決まった来庁日に神奈川県庁で面談形式の事前審査を行います。

　来庁日は「平成28年10月13日（木）から平成28年12月8日（木）まで」といった形で指定され、この期間内で都合のよい日時を予約します。

　そして、事前審査には原則として理事長就任予定者の参加が必要ですので、入院中の者や海外に出ている者などは理事長就任予定者にすべきではありません。

　このように理事長就任予定者の面接がある都道府県もあるので、理事長を選ぶときには注意してください。

第1章　医療法人設立を検討するときに知っておくべきこと

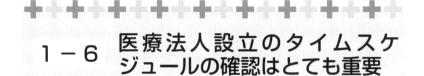

1-6 医療法人設立のタイムスケジュールの確認はとても重要

〔1〕全体のタイムスケジュール

　「医療法人の設立」は、狭義に捉えれば、医療法人を設立できた時点で手続き完了となります。実際、東京都の「医療法人設立の手引」で紹介されているスケジュールは、医療法人の設立登記完了までです。

　しかし、実際は医療法人を設立しただけでは何も始まりません。医療法人は医療の提供を目的として設立されますので、これまで個人で開設していたクリニックを医療法人の開設に切り替える必要があります。個人での開業実績がない場合でも、医療法人の設立登記後に診療所の開設手続が必要になります。

　しっかり全体を把握し、逆算してタイムスケジュールを考えてください。

　なお、医療法人化を進めるにあたってまず確認すべきは、「自分が医療法人を設立しようとする都道府県等では、どのようなスケジュールで申請を受け付けているか」という点です。

　都道府県ごとに医療法人の設立認可スケジュールを公表しています。いつでも申請できるわけではなく、ほとんどの都道府県で申請の受付期間は限られており、年に2～3回程度です。説明会の有無や時期、参加の要否も都道府県によって異なるので気をつけてください。

また、何より他の許認可手続と異なるのは、本申請の前に仮申請（事前審査）があるということです。仮申請では、押印や署名はせずに申請書素案を提出します。提出方法は、東京都では郵送ですが、自治体によっては予約を取って持ち込まなければならないところもあり、なかには1時間ほど見込まなければならないところもあります。

　なお、仮申請の段階で書類の不備が多いと、申請を受け付けてもらえないことがあります。特に締切日直前の提出で書類に不備が多く見られる場合、受付を拒否されることが多いので、余裕を持って準備を進めてください。

　実際に事前受付で拒否された申請書を見たことがありますが、訂正箇所を示す付箋だらけでした。なおかつ、提出したのは事前受付締切の直前だったそうです。

[東京都の場合の医療法人化の一般的なスケジュール]

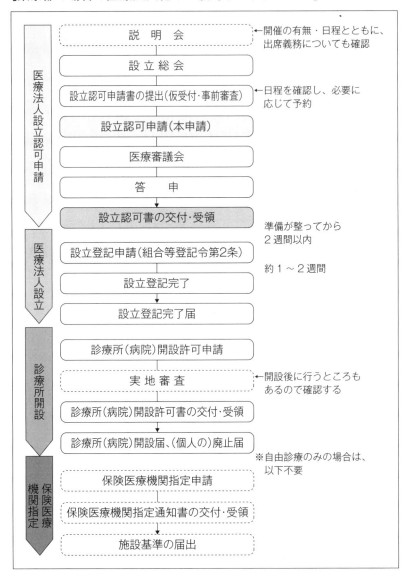

また、何より他の許認可手続と異なるのは、本申請の前に仮申請（事前審査）があるということです。仮申請では、押印や署名はせずに申請書素案を提出します。提出方法は、東京都では郵送ですが、自治体によっては予約を取って持ち込まなければならないところもあり、なかには1時間ほど見込まなければならないところもあります。

　なお、仮申請の段階で書類の不備が多いと、申請を受け付けてもらえないことがあります。特に締切日直前の提出で書類に不備が多く見られる場合、受付を拒否されることが多いので、余裕を持って準備を進めてください。

　実際に事前受付で拒否された申請書を見たことがありますが、訂正箇所を示す付箋だらけでした。なおかつ、提出したのは事前受付締切の直前だったそうです。

［東京都の場合の医療法人化の一般的なスケジュール］

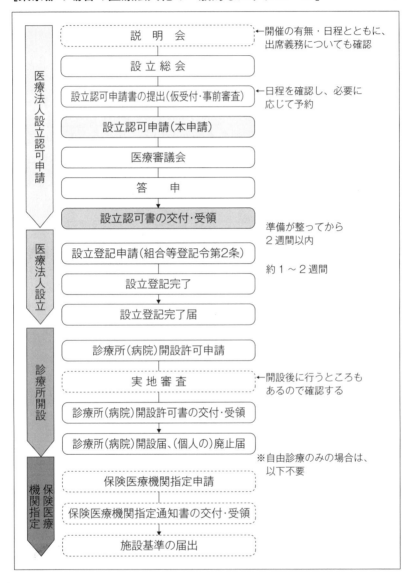

〔2〕各都道府県で違うスケジュール

　すでに説明したように、都道府県によって申請の受付期間や受付方法は異なります。ここでは、典型的なパターンとして東京都、千葉県、愛知県の 3 都県の例を紹介しましょう。

① 東京都の場合

> ※参考：東京都福祉保健局　医療法人設立認可に係る年間スケジュール
> 　　　（平成 29 年度）
> http://www.fukushihoken.metro.tokyo.jp/iryo/hojin/h29sche.html

　東京都では年 2 回、医療法人設立認可申請の受付を行っています。設立説明会の出席は任意で、出席しなくても資料をもらうことはできます。そういう意味では親切ですが、注意してほしいのは受付期間です。

　仮申請の受付期間は、平成 29 年度の場合、1 回目が「8 月 28 日（月）～9 月 1 日（金）」、2 回目が「2 月 26 日（月）～3 月 2 日（金）」でした。他の道府県に比べて短いのですが、必ず守ってください。

② 千葉県の場合

> ※参考：千葉県　平成 29 年度第 2 回医療法人の設立認可について
> https://www.pref.chiba.lg.jp/iryou/chiikiiryou/iryouhoujin/ninka.html

　千葉県では概ね年 3 回、医療法人設立認可申請の受付を行っています。申請に必要な資料はすべて県のホームページからダウンロードすることができますが、設立説明会にはできる限り出席すること

をお勧めします。出席したほうが、スムーズに申請の手続きが進むからです。

実際、経験豊富な行政書士が説明会に出席せずに申請の手続きを行おうとしたところ、書類はすべてきちんと揃っているにもかかわらず、「説明会は受けましたか？」「説明会に参加してください」と何度も言われ、仮申請の受付予約がなかなか取れなかったということがありました。

③ 愛知県の場合

※参考：愛知県　平成 29 年度第 1 回医療法人設立事務に関する説明会について
http://www.pref.aichi.jp/soshiki/imu/houjinsetumeikai28-1.html

愛知県では年 2 回、医療法人設立認可申請の受付を行っています。愛知県の場合、設立説明会への出席が必須です。出席しなければ様式はもらえません。なおかつ、理事長又は理事就任予定者本人が参加しなければならず、行政書士であろうと代理は認められません。説明会受講後 2 年を経過すると、再度、出席しなければならないというルールもあります。

このように、都道府県によってスケジュールも設立説明会への出席の扱いも異なりますので、自分が申請する都道府県の情報を必ず確認してください。

役立つ実務ネタ

医療法人設立認可申請は仮受付（神奈川県は「素案」）がとても重要です。

東京都は「提出書類に不足があったり、必要事項に記入漏れが多かったりといった不備な申請は受け付けないことがあります」としていますし、神奈川県も「申請書（素案）を見た結果、大幅な訂正を要すると判断される案件等については、次回の申請をお願いする場合があります」としています。
　実際に東京都は、不受理の通知のフォーマットも用意しています。
　なお、東京都の場合は仮受付を行った後に設立認可申請を取り下げる際は「取り下げ願い」という文書を提出しなければなりません。取り下げた場合も、仮受付で提出した書類は返却されません。これは神奈川県も同様です。
　仮受付に十分に間に合うよう、余裕を持ったスケジュールを組んでください。

東京都は「提出書類に不足があったり、必要事項に記入漏れが多かったりといった不備な申請は受け付けないことがあります」としていますし、神奈川県も「申請書（素案）を見た結果、大幅な訂正を要すると判断される案件等については、次回の申請をお願いする場合があります」としています。
　実際に東京都は、不受理の通知のフォーマットも用意しています。
　なお、東京都の場合は仮受付を行った後に設立認可申請を取り下げる際は「取り下げ願い」という文書を提出しなければなりません。取り下げた場合も、仮受付で提出した書類は返却されません。これは神奈川県も同様です。
　仮受付に十分に間に合うよう、余裕を持ったスケジュールを組んでください。

第2章

医療法人の社員・役員

2-1 社員と役員の違い

〔1〕社員とは

　社団医療法人の最高意志決定機関である社員総会の構成員のことを「社員」と言います（従業員とは異なります）。

　基本的には設立発起人と社員は同一人です。理論上は、設立発起人とは別に社員を設定することも可能ですが、実務上はほぼあり得ません。

　社員は、株式会社の株主に近い存在であり、社員総会において1人1個の議決権を持ちます（医療法第46条の3の3第1項）。出資持分のある医療法人においても社員の地位（議決権）は出資持分とは無関係のため、1人1個の議決権であることは変わらず、出資持分をまったく持たない社員も存在します。

　社員たる資格の取得や喪失については、定款で規定されることになっています（医療法第44条第2項第8号）。

〔2〕社員の数

　社員数に関して医療法上の規定はありません。

　しかし、厚生労働省が提示している社団医療法人定款例の第26条備考には、「社員は3名以上置くことが望ましい」と記載されています。なぜ3名以上なのかというと、埼玉県の医療法人設立認可基準には次のように説明されています。

[埼玉県の医療法人設立認可基準]

> 1 社員
> (1) 3人以上とすること。〔法により、総会議長は当初議決に加わることができず、2人以下では、成立しないため〕

　社員総会は、定款に別段の定めがある場合を除き、総社員の過半数の出席がなければ、その議事を開き、決議をすることができません（医療法第46条の3の3第2項）。また、社員総会の議事は出席者の議決権の過半数で決することになっています（医療法第46条の3の3第3項）。

　そのため、議長を含めて2人以下では多数決が成り立ちません。なお、可否同数のときには議長決裁になりますので、議長以外に2人以上いれば議決は成立します。

●医療法　第46条3の3

> 第46条の3の3　社員は、各一個の議決権を有する。
> 2　社員総会は、定款に別段の定めがある場合を除き、総社員の過半数の出席がなければ、その議事を開き、決議をすることができない。
> 3　社員総会の議事は、この法律又は定款に別段の定めがある場合を除き、出席者の議決権の過半数で決し、可否同数のときは、議長の決するところによる。
> 4　前項の場合において、議長は、社員として議決に加わることができない。

役立つ実務ネタ

　神奈川県のように、原則として4名以上の社員を求めるところもあります。4名以上と指導している自治体は、多数決を成立させるために議長を除いて最低でも3名以上で議決を取るべきという考えと聞いています。ただし、すでに述べたとおり、医療法上は社員数に定めはありませんので、4名以上でなければ絶対に受け付けてくれないということはありません。

[神奈川県　医療法人設立認可申請手引（平成29年4月改訂版）]

（4）　社員・役員に関する注意事項
　原則として、拠出（寄附）は1名以上、社員は4名以上とし、役員については、医療法人と関係のある特定の営利法人の役員と兼務しないようにしてください。

〔3〕社員の入退社

　社員たる地位は医療法人の経営権掌握の根源となりますので、社員の入退社は非常に重要です。持分の定めのある社団医療法人の場合は、退社時の持分払戻請求権の問題も絡んでくるので、さらに注意が必要です。

　医療法上、社員の入退社に関する具体的な規定はありませんが、社団医療法人は定款で社員総会や社員たる資格の得喪に関する規定を定めなければなりません（医療法第44条第2項）。

　厚生労働省の定款例には「第4章　社員」という章（第14条〜第16条）が設けられ、入社には社員総会での承認が必要であること、社員資格喪失のケースには「除名、死亡、退社」があり、どう

いう場合に除名になるのかという規定も明記されています。

　また、社員自らが退社を希望する場合、やむを得ない理由のあるときにはその旨を理事長に届け出て、その同意を得て退社することができるとしています。

●医療法　第44条（抜粋）

> 第44条　医療法人は、その主たる事務所の所在地の都道府県知事（以下この章（第3項及び第66条の3を除く。）において単に「都道府県知事」という。）の認可を受けなければ、これを設立することができない。
> 2　医療法人を設立しようとする者は、定款又は寄附行為をもって、少なくとも次に掲げる事項を定めなければならない。
> 　一～七　（省略）
> 　八　社団たる医療法人にあつては、社員総会及び社員たる資格の得喪に関する規定

●厚生労働省「社団医療法人定款例」　第14条～第16条

> 第14条　本社団の社員になろうとする者は、社員総会の承認を得なければならない。
> 2　本社団は、社員名簿を備え置き、社員の変更があるごとに必要な変更を加えなければならない。
> 第15条　社員は、次に掲げる理由によりその資格を失う。
> 　（1）除名
> 　（2）死亡
> 　（3）退社
> 2　社員であって、社員たる義務を履行せず本社団の定款に違反し又は品位を傷つける行為のあった者は、社員総会の議決を経て除名

> することができる。
> 第16条　やむを得ない理由のあるときは、社員はその旨を理事長に届け出て、退社することができる

〔4〕役員及び役員の数

　役員とは、理事と監事の総称です。

　医療法人には、役員として原則3名以上の理事及び1名以上の監事を置かなければなりません（医療法第46条の5第1項）。そして、理事のなかから理事長を1名選出する必要があります（医療法第46条の6第1項）。当然、理事長も役員の一員です。

　役員の任期については、「2年を超えることはできない。ただし再任を妨げない」と医療法に規定されています（医療法第46条の5第9項）。

　役員の員数が欠けた場合の取扱いは医療法第46条の5の3に規定されており、新たに選任された役員が就任するまで、任期満了又は辞任により退任した役員は、なお役員としての権利義務を有します（医療法第46条の5の3第1項）。

　医療法人における役員の位置づけは、次の概要図のとおりです。

[医療法人における役員の位置づけ]
(厚生労働省 第13回社会保障審議会医療部会(平成22年11月11日)資料を一部修正)

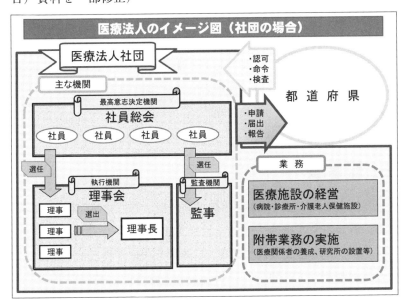

〔5〕理　　事

　株式会社の取締役に相当するのが、医療法人の理事です。株式会社と取締役の関係と同じように、医療法人と理事の関係は委任関係になります(医療法第46条の5第4項)。

　理事の役割は法人の日常的な業務全般を執行することであり、自然人であることが前提ですから(医療法人運営管理指導要綱)、株式会社などの法人が理事に就任することはできません。

　理事は、理事会での議決権の過半数の賛成(医療法第46条の7の2(一般社団・一般財団法人法第95条準用))で、その職務と権限を行使します。理事が担う重要な職務・権限として法定されてい

るのは、医療法人の業務執行の決定、理事長・他理事の職務執行の監督、理事長の選出及び解職です（医療法第46条の7第2項）。

また、医療法人に著しい損害を及ぼすおそれのある事実を発見した場合には、その事実を監事に報告しなければならないという義務もあります（医療法第46条の6の3）。

なお、医療法人は、原則として、開設するすべての病院、診療所、介護老人保健施設の「管理者」を理事に加えなければなりません（医療法第46条の5第6項）。

〔6〕理事長

医療法人を代表し、医療法人の業務に関する一切の裁判上又は裁判外の行為をする権限を持つのが、理事長です（医療法第46条の6の2第1項）。株式会社で言うところの代表取締役に相当します。ちなみに医療法人の場合、役員として登記されるのは理事長だけで、理事と監事は記載されません。

医療法人の理事長は、原則として医師又は歯科医師であることが必要です（医療法第46条の6第1項）。理事会での多数決によって選出及び解職されます（医療法第46条の7第2項第3号）。

〔7〕常務理事

医療法人では定款に定めることによって任意に常務理事を設置することが可能です。常務理事は、理事会で多数決によって選出され、理事長を補佐して医療法人の常務を処理し、理事長に事故があった場合はその職務を代行するという役割です。

かつては東京都が示す定款例にも常務理事に関する規定がありま

したが、現在の定款例にはありません。厚生労働省の定款例においても、東京都の定款例においても、「理事長に事故があるときは、理事長があらかじめ定めた順位に従い、理事がその職務を行う」（厚生労働省「社団医療法人定款例」第28条第3項）と書かれていて、常務理事については特に定められていません。

〔8〕監　事

　医療法人の理事会に出席し（医療法第46条の8の2）、医療法人の業務・財産状況の監査等を行うのが、監事です。社団医療法人において監事は、社員総会で選任します（医療法第46条の5第2項）。
　監事が担う具体的な職務内容は、医療法に次のように規定されています。

●医療法　第46条の8

> 第46条の8　監事の職務は、次のとおりとする。
> 一　医療法人の業務を監査すること。
> 二　医療法人の財産の状況を監査すること。
> 三　医療法人の業務又は財産の状況について、毎会計年度、監査報告書を作成し、当該会計年度終了後3月以内に社員総会又は評議員会及び理事会に提出すること。
> 四　第一号又は第二号の規定による監査の結果、医療法人の業務又は財産に関し不正の行為又は法令若しくは定款若しくは寄附行為に違反する重大な事実があることを発見したときは、これを都道府県知事、社員総会若しくは評議員会又は理事会に報告すること。
> 五　社団たる医療法人の監事にあつては、前号の規定による報告

をするために必要があるときは、社員総会を招集すること。
六　財団たる医療法人の監事にあつては、第四号の規定による報告をするために必要があるときは、理事長に対して評議員会の招集を請求すること。
七　社団たる医療法人の監事にあつては、理事が社員総会に提出しようとする議案、書類その他厚生労働省令で定めるもの（次号において「議案等」という。）を調査すること。この場合において、法令若しくは定款に違反し、又は著しく不当な事項があると認めるときは、その調査の結果を社員総会に報告すること。
八　財団たる医療法人の監事にあつては、理事が評議員会に提出しようとする議案等を調査すること。この場合において、法令若しくは寄附行為に違反し、又は著しく不当な事項があると認めるときは、その調査の結果を評議員会に報告すること。

2-2 社員と役員の資格要件・MS法人との関係

〔1〕社員の資格要件

社員は、社員総会において法人運営の重要事項についての議決権及び選挙権を行使する者であるため、実際に法人の意思決定に参画できない者が名目的に社員に選任されていることは適切ではありません。

未成年者については、義務教育修了程度を目安に、自分の意思で議決権を行使できる程度の弁別能力を持っていれば社員になることができるとされています。

一方で、出資持分の定めがある医療法人の場合、相続等により出資持分の払戻し請求権を得た場合であっても社員としての資格要件を備えていない場合は社員になることはできません(医療法人運営

[医療法人運営管理指導要綱]

	運営管理指導要綱	備 考
社員 (社団たる医療法人)	2 社員は社員総会において法人運営の重要事項についての議決権及び選挙権を行使する者であり、実際に法人の意思決定に参画できない者が名目的に社員に選任されていることは適正でないこと。	・未成年者でも、自分の意思で議決権が行使できる程度の弁別能力を有していれば(義務教育終了程度の者)社員となることができる。 ・出資持分の定めがある医療法人の場合、相続等により出資持分の払戻し請求権を得た場合であっても、社員としての資格要件を備えていない場合は社員となることはできない。

第2章 医療法人の社員・役員

管理指導要綱)。

　理事は社員以外の者から選任することもできますが、医療法人の設立認可申請をスムーズに進めるためには社員のなかから選任するのが通常です。そのため、医療法人設立時の社員は、役員の要件も満たす必要があります。

　ちなみに、監事は社員以外から選任することがよく見られます。また自治体によっては、社員以外からの選任を推奨するところもあります。

〔2〕役員の資格要件

① 理　　事

　社団医療法人の役員は、社員総会の決議によって選任されます(医療法第46条の5第2項)。

　また、理事をはじめ役員の資格要件については、評議員の資格要件を定めた医療法第46条の5第5項に「第46条の4第2項の規定は、医療法人の役員について準用する」とあり、次のような条件に該当する者は医療法人の理事に就任することはできません。

●医療法　第46条の4第2項

第46条の4
2　次の各号のいずれかに該当する者は、医療法人の評議員となることができない。
　一　法人
　二　成年被後見人又は被保佐人
　三　この法律、医師法、歯科医師法その他医事に関する法律で政令で定めるものの規定により罰金以上の刑に処せられ、その執

> 行を終わり、又は執行を受けることがなくなつた日から起算して2年を経過しない者
> 四 前号に該当する者を除くほか、禁錮以上の刑に処せられ、その執行を終わり、又は執行を受けることがなくなるまでの者

　また、医療法人運営管理指導要綱において、医療法人と関係のある特定の営利法人の役員が理事長や役員として参画していることは非営利性という観点から適当でないとされています。いわゆるMS法人の役員を選ぶべきではないということです。

[医療法人運営管理指導要綱]

	運営管理指導要綱	備　考
適格性	1　自然人であること。 2　欠格事由に該当していないこと。（選任時だけでなく、在任期間中においても同様である。）	・医療法第46条の5第5項 ・欠格事由 ① 成年被後見人又は被保佐人 ② 医療法、医師法等、医療法施行令第5条の5の7に定める医事に関する法令の規定により罰金以上の刑に処せられ、その執行を終わり、又は執行を受けることがなくなった日から起算して2年を経過しない者 ③ ②に該当する者を除くほか、禁錮以上の刑に処せられ、その執行を終わり、又は、執行を受けることがなくなるまでの者 ・医療法人と関係のある特定の営利法人の役員が理事長に就任したり、役員として参画していることは、非営利性という観点から適当でないこと。

　理事は社員から選任するという条文は存在しませんが、多くの医療法人の定款には「理事及び監事は、社員総会においてこの法人の

社員のうちから選任する。」という規定があったため、今でも医療法人設立認可申請時には社員から選任すべきと指導されることがあります。

つまり、理事の資格要件をまとめると、次のようになります。

・自然人であること
・医療法に定める欠格事由に該当しないこと
・社員の適格性を満たしていること
・医療法人と関係のある特定の営利法人の役員でないこと

 役立つ実務ネタ

医療法人運営管理指導要綱には、社員の適格性として義務教育修了程度の者であればよいと書かれていますが、理事就任にあたっては、実際はほとんどの都道府県で未成年者の理事就任は不適格と指導されます。

例えば、東京都福祉保健局の「医療法人設立の手引」には、「未成年者が役員に就任することは、適当ではありません」と明記されています。

神奈川県も、「医療法人設立認可申請の手引」にこそ明記されていませんが、20歳以上の者であっても医学部・歯学部・薬学部以外の大学在籍中の者は不適格と指導されたことがあります。ただ、一方で同じ神奈川県でも、医学部・歯学部・薬学部以外の大学在籍中の者であっても何の指導もないケースもありました。同じ自治体であっても担当者によって指導内容が異なる場合があるということでしょう。

これらのことを考慮すると、医療法人設立認可申請時は未成年者を避けるとともに、医学部・歯学部・薬学部以外の大学在籍中の学生も避けたほうが、認可はスムーズに受けられます。

> 💡 **役立つ実務ネタ**
>
> 　千葉県は、監事だけではなく理事についても1名以上は理事長と親族関係にない第三者理事を選任するよう指導しています。このように法的根拠のまったくない指導をしている自治体は多いので、必ず事前確認が必要です。

② 理事長

　理事長は、理事のうちの一人、原則として医師又は歯科医師である理事から選出しなければなりません（医療法第46条の6第1項）。

●医療法　第46条の6第1項

> 第46条の6　医療法人（次項に規定する医療法人を除く。）の理事のうち一人は、理事長とし、医師又は歯科医師である理事のうちから選出する。ただし、都道府県知事の認可を受けた場合は、医師又は歯科医師でない理事のうちから選出することができる。

　医療法第46条の6第1項には、上記のように但書きがあるため、非医師の理事長就任は、理論上は可能です。ただし、「理事長候補者が当該法人の理事に3年以上在籍し、かつ、過去3年間にわたって医療機関としての運営が適正に行われ、かつ、法人としての経営が安定的に行われている」といった要件もあるため、事実上、医療法人設立認可申請時に非医師が理事長に就任することは不可能です。

　また、複数の医療法人の理事長を兼務することは不適当と指導している都道府県がありますが、厚生労働省が作成した「特定医療法

人FAQ」に【医療法人の理事長の兼務】と題した項目があり、次のように書かれています。

> Q．医療法上は、「理事長は、医療法人を代表し、その業務を総理する。」（医療法第46条の3第3項）となっていますが、理事長の兼務について明確な規定が見当たりませんので、その取扱いについて教えてください。
>
> A．医療法人は複数の医療機関の開設が可能であるのに、理事長が更に他の医療法人の理事長として医業を行わなければならない必要は通常ないものと考えられます。
> 　そのため、特別の理由・必然性がなければ、医療法人の代表者である理事長が他の医療法人の理事長を兼ねることは認められないものと考えます。
> 　なお、医療法人の理事長等役員が株式会社の役員を兼ねている場合で、医療法人の運営に営利企業が影響を与えるときは、役員の兼務は認められていません。
> ※「Q」中の「医療法第46条の3第3項」は、改正前の医療法の該当条文です。

例えば、東京都の「医療法人設立の手引」にも「複数の医療法人の理事長を兼務することは不適当です」と書かれていますが、あくまでも「不適当」であり、「不可能」とは書かれていません。実際、特別な理由・必然性があれば理事長の兼務は認められます。

しかし、医療法人の設立認可申請をスムーズに行おうと思えば、認可申請時の理事長の兼務は避けるべきです。審査が厳しくなりますし、提出書類が増える分、申請にかかる時間も長くなり、スムーズに進みません。

③ 監　事

　監事は、当該医療法人の理事や職員を兼ねてはなりません（医療法第46条の5第8項）。

[医療法人運営管理指導要綱]

	運営管理指導要綱	備　考
監　事	1　理事、評議員及び法人の職員を兼任していないこと。 　　また、他の役員と親族等の特殊の関係がある者ではないこと。	・医療法第46条の5第8項

　このように、理事又は職員の兼務や、親族等の特殊な関係がある者は監事には就任できないとされていますが、そのほか実際には、顧問税理士や弁護士も監事としては不適切であると指導されます。

　例えば、東京都の「医療法人設立の手引」には、次のような者は監事に就任することができないと指摘されています。

> ・医療法人に出資（拠出）している社員（医療法人社団の場合）
> ・医療法人と取引関係・顧問関係にある個人、法人の従業員
> 　　例：医療法人の会計・税務に関与している税理士
> 　　　　税理士事務所等の従業員

　他の道府県でも、手引には明記されていなかったとしても顧問税理士や弁護士の就任については不適当と指導されることは確かです。

　また、愛知県は監事について「簿記2級以上保持している者又は経営と数字の管理経験として医療法人の理事長経験がある者」と、独自に資格要件を設けていますが、これには当然、法的根拠はあり

ません。

　以上のことからわかるように、監事は役員のなかでも最も選任が難しいポストです。

　適任者が見つからない場合、経営コンサルタント等に一定の報酬を支払って監事に就いてもらっているケースもあります。

〔3〕MS法人との関係

　前述したように、医療法人運営管理指導要綱の備考に「医療法人と関係のある特定の営利法人の役員が理事長に就任したり、役員として参画していることは、非営利性という観点から適当でない」とあります。ここで「非営利」が意味するのは「利益を追求しないこと」ではなく、「利益の分配を禁止している」ということです。

　では、医療法人と関係のある特定の営利法人、つまりMS法人の役員が医療法人の役員に就くことは絶対に認められないのでしょうか。

　厚生労働省の平成5年2月3日の厚生省健康政策局総務・指導課長連名通知で、役員兼務について次のように書かれていました。

　「開設者である法人の役員が、当該医療機関の開設・経営上利害関係にある営利法人等の役職員と兼務している場合は、医療機関の開設・経営に影響を与えることがないものであること。」

　この通知の一部が平成24年3月30日に改正され、役員兼務については原則禁止であることを明示した上で、一定の場合には例外を認めるという内容になり、より線引きが明確になりました。具体的には、MS法人と物品の購入、賃貸、役務の提供等の取引がある場合、

　① 営利法人の役員が医療法人の代表者ではないこと

② 営利法人等の規模が小さいため役員を変更することがすぐには困難であること
③ 契約の内容が妥当であること

という条件に加え、「医療機関の非営利性に影響を与えることがない」又は「MS法人との取引が少額である場合」は、例外的に役員の兼務が認められるという記載になりました。

したがって、医療法人の役員とMS法人の役員兼務は原則としては避けるべきですが、例外として医療法人の非営利性を損なわなければ兼務することは可能です。

しかし、実際は、いまだに医療法人設立認可申請時には営利法人の役員を兼務していないか、厳しくチェックされます。スムーズに認可を受けるためには、兼務しないほうが賢明です。

例えば、神奈川県の「医療法人設立認可申請手引」には「医療法人の非営利性の観点から、医療法人との間に取引関係のある営利法人の役職員が、医療法人の役員に就任することは原則として認められません。」と書かれていますが、役員の履歴書の様式には次のように書かれています。

職歴
（できるだけ詳細に記入し、開設・経営上利害関係のある営利法人等の役職員を兼務する場合は、その法人名及び役職についても記入すること）

役立つ実務ネタ

　兵庫県は、「医療法人設立認可申請書（案）」に「いわゆるメディカル・サービス法人を有する場合は当該法人の登記事項証明書」を添付することを求めています。

　多くの自治体では、医療法人の役員とMS法人の役員を兼務している場合や医療法人とMS法人の間で取引がある場合にMS法人の登記事項証明書の提出を求めていますが、兵庫県は全国でも珍しく、役員の兼務や取引の有無にかかわらず提出を求めているので、注意してください。

2-3 基金と社員の関係

〔1〕基金とは

　基金とは、社団である医療法人に拠出された金銭その他の財産であって、医療法人が拠出者に対して医療法施行規則及び医療法人と拠出者との間の合意の定めるところに従い返還義務を負うものを指します。

　基金には、利息を付することはできません。要するに、基金とは利息のつかない貸付金のようなものと捉えていただければよいでしょう。この基金制度を採用する場合は、定款に定めることが必要です。

　医療法施行規則には、基金に関して、次のように記載されています。

●医療法施行規則　第30条の37

> （基金）
> 第30条の37　社団である医療法人（持分の定めのあるもの、法第42条の2第1項に規定する社会医療法人及び租税特別措置法第67条の2第1項に規定する特定の医療法人を除く。社団である医療法人の設立前にあつては、設立時社員。以下この条において「社団医療法人」という。）は、基金（社団医療法人に拠出された金銭その他の財産であつて、当該社団医療法人が拠出者に対して本条及び次条並びに当該医療法人と当該拠出者との間の合意の

> 定めるところに従い返還義務（金銭以外の財産については、拠出時の当該財産の価額に相当する金銭の返還義務）を負うものをいう。以下同じ。）を引き受ける者の募集をすることができる旨を定款で定めることができる。この場合においては、次に掲げる事項を定款で定めなければならない。
> 一　基金の拠出者の権利に関する規定
> 二　基金の返還の手続
> 2　前項の基金の返還に係る債権には、利息を付することができない。

〔2〕基金以外の財産拠出

　財産を拠出する方法は、基金以外にもあります。それは「出資金」と「寄付」の2通りです。

① 出資金

　法人運営に必要な財産を出資し、出資した額に応じて、法人の資産に対して持分相当の財産権を持ちます。解散のときに存する残余財産は、払込済出資額に応じて分配します。

　ただし、平成19年施行の第5次医療法改正により、平成19年4月1日以降は出資金による財産拠出はできなくなりました。

② 拠出（寄付）

　もう一つの方法が拠出（寄付）で、これは現在でも可能です。
　ただし、基金制度によらない拠出は、いわば無償で寄付する行為であって、返還は一切受けられません。

　東京都の定款例には基金に関する章が設けられていますが、厚生

労働省の定款例には入っていません。基金制度について定款に定めなければ、拠出した財産は単なる寄付として扱われてしまいます。つまり、拠出したものは一切戻ってこないので、気をつけてください。

〔3〕基金と社員の関係

　基金拠出者は、社員とは限りません。また、基金を拠出していても、社員でない限り、議決権はありません。逆に、拠出の有無にかかわらず、社員であれば1人1個の議決権を持ちます。

　社員には適格性に関する定めがありますが、基金拠出者には特になく、どんな人でも拠出者になることができます。ただし、医療法人設立認可申請時は社員となる者が拠出したほうがスムーズに認可を受けられます。なかでも理事長となる者が一番多く拠出したほうが、審査する側が見慣れているためスムーズです。実際、多くの都道府県はそのように指導しています。

　例えば、東京都の場合、設立総会議事録の記載例のなかに「理事長の拠出がない場合もしくは50％以下の場合…その理由」とあり、理事長の拠出がなかったり少なかったりする場合はその理由を述べるよう書かれています。大阪府も、理事長の拠出額（現物拠出の額も含む）は2分の1以上にするように指導しています。

　また、株式会社や有限会社などの営利を目的とした法人が社員になることはできませんが、拠出はすべての法人（営利を目的とする株式会社等や非営利を目的とする法人）で可能です。

　さらに、非営利を目的とした法人であれば社団医療法人の社員になることも可能です。このように社団医療法人の社員となった非営

利を目的とする法人のことを「法人社員」と言います。

　なお、医療法人運営管理指導要綱には「法人社員が持分を持つことは、法人運営の安定性の観点から適当でない」と書かれており、法人が拠出をする場合は社員にはなれません。

　ただし、医療法人認可申請時には、拠出に関しても法人からはあったとしても少ないほうがよいでしょう。特に株式会社などの営利を目的とした法人が拠出をすると審査が厳しくなりますし、提出書類も増えるため時間もかかります。

〔4〕基金として適切な財産

　基金として拠出可能な財産は、都道府県によって指導内容が異なる部分もありますが、次のようなものがあります。

- ・預貯金（金銭）
- ・医業未収金
- ・医薬品、衛生材料等の棚卸資産（一部の都道府県では不可）
- ・土地、建物、医療用器械備品等の有形固定資産
- ・電話加入権等の無形固定資産
- ・建物保証金、敷金等のその他の資産

　金銭以外の財産の拠出に必要な手続きについては、平成24年3月30日付で厚生労働省医政局が出した「医療法人の基金について」という通知で、次のように説明されています。

　金銭以外の財産を拠出の目的とするときには、その旨並びに当該財産の内容及び価額が相当であることについて、弁護士、弁護士法人、公認会計士、監査法人、税理士又は税理士法人の証明（現物拠出財産が不動産である場合にあっては、当該証明及び不動産鑑定士

の鑑定評価）を受けなければなりません。

ただし、次に掲げる場合には、当該事項については適用しません。

① 市場価格のある有価証券
② 現物拠出財産が社団医療法人に対する金銭債権
③ 現物拠出財産の価額の総額が500万円を超えない場合

なお、次に掲げる者は、上記の証明をすることはできません。

① 理事、監事又は使用人（社団医療法人の成立前にあっては、設立時社員、設立時理事又は設立時監事）
② 基金の引受人
③ 業務の停止の処分を受け、その停止の期間を経過しない者
④ 弁護士法人、監査法人又は税理士法人であって、その社員の半数以上が①又は②に掲げる者のいずれかに該当するもの

一方、基金として拠出できない財産にはどのようなものが含まれるのでしょうか。例えば埼玉県は、医療法人の運営に無関係な役員の自宅、使用実態から日常の用に供していると考えられる車両、有休財産などの財産を例に挙げています。

また東京都は、「医療法人設立の手引」において「拠出（寄附）財産は、拠出（寄附）者に所有権があり、医療法人に拠出するのが適切なものとします。個人的な医師会（歯科医師会）の入会金等は拠出できません。棚卸資産（医薬品、衛生材料等）、消耗品、一括償却資産及び中小企業者の少額減価償却資産の取得価額の必要経費算入の特例（租税特別措置法第28条の2）の適用を受けた資産についても同様に拠出できません」と明記しています。

なお、医薬品や衛生材料等の棚卸資産は、東京都のほか静岡県や大阪府でも拠出が認められていませんが、神奈川県や千葉県では認

められています。むしろ神奈川県では、「拠出財産として出してください」と指導された例があるなど、自治体によって対応は異なります。

〔5〕基本財産と通常財産

拠出した財産は、「基本財産」と「通常財産」のどちらかに分類されます。それぞれの内容は次のとおりです。

> 基本財産……不動産、運営基金等の重要な資産
> 通常財産……基本財産以外の資産

土地・建物等の不動産を拠出する場合は、基本財産とすることが望ましいとされています。基本財産にする場合は、定款に次のような条項を挿入する必要があります。

> （基本財産）
> 第○条　本社団の資産のうち、次に掲げる財産を基本財産とする。
> 　(1)　………
> 　(2)　………
> 　(3)　………
> 2　基本財産は処分し、又は担保に供してはならない。ただし、特別の理由がある場合には、理事会及び社員総会の議決を経て、処分し、又は担保に供することができる。

基本財産を処分するには、定款の変更を要し、事前に都道府県に対して認可申請をしなければならないため、手続きが面倒です。そのため実務的にはできる限り、基本財産はないほうがよいので、土地・建物の不動産の拠出は避けたほうが無難です。

２－４　履歴書作成のポイント

〔１〕自治体によって異なる履歴書の様式、添付書類

　自治体によって履歴書を作成する必要がある者の範囲は異なります。社員（設立者）、役員全員分の履歴書の作成が必要な場合もあれば、そうではない場合もあります。
　また、履歴書は自治体によって様式が異なるため、必ず事前に、申請を行う自治体の様式を入手する必要があります。

　履歴書に添付する書類も、自治体によって異なります。
　一般的には、印鑑登録証明書と、医師又は歯科医師の場合は医師免許証又は歯科医師免許証の写しが必要ですが、例えば東京都では、医師（歯科医師）免許証の写しは理事就任予定者のみ、埼玉県では理事長就任予定者のみ必要です。一方、神奈川県の場合、履歴書には添付する必要はありません（ただし、いずれの自治体でも管理者就任予定者には必要です）。
　そのほか、茨城県のように登記されていないことの証明書が必要な自治体もあります。静岡市の場合、身分証明書（破産者名簿に記載がないこと、後見の登記の通知を受けていないことなどを証明するもので、運転免許証等ではありません）と、登記されていないことの証明書を要求されたことがあります。
　ここで、登記されていないことの証明書とは、法務局が発行する成年被後見人、被保佐人ではないことの証明書です。東京法務局後

見登録課、全国の法務局・地方法務局の戸籍課の窓口で申請するか、東京法務局後見登録課に申請書を郵送することで取得することができます。

役立つ実務ネタ

　千葉県・埼玉県などのように、保健所で事前に医師（歯科医師）免許証の原本照合が必要な自治体もあります。なお、この原本照合は、同じ自治体であれば医療機関の所管保健所以外でも可能な場合もありますので、事前に確認してください。

〔2〕履歴書作成のポイント

　履歴書を作成する際は、次のようなことに気をつけてください。

- 住所は印鑑登録証明書と一字一句合わせること。
- 氏名も印鑑登録証明書と一字一句合わせること。
  特に旧字体などには注意が必要です。
  　例えば、「ひろせ」という氏名の場合、「広瀬」「廣瀬」「廣瀨」と数とおりあります。
  　申請段階の最後のほうで誤字が発覚すると、すべての書類を差し替える必要があります。特に印鑑押印後の差し替えは非常に面倒です。最初にしっかりチェックしてください。
- 職歴欄は、医療関係以外（開設・経営上利害関係のある営利法人等の役職員を兼務する場合は、その法人名及び役職についても記入すること）についても詳細に記載し、空白期間がないように記載すること。
- 職歴等に空白期間がある場合は、「開業準備」「無職」「専業

主婦」「就職活動」「在家庭」などと記載するよう指導している自治体もあります。事前に確認してください。
・他の医療法人の役員になっている場合は、必ず職歴欄に記載すること。
　特に親が医療法人を運営している場合、子どもを医療法人の理事にしているケースが多いので、必ず確認してください。
・印鑑は実印を押しているか、必ず確認すること。
　稀に、実印ではない印鑑を押印する人がいます。
・履歴書の日付を設立総会年月日などに指定する自治体もあるので、必ず事前に確認すること。
・千葉県などのように、履歴書に医師会の加入を記載することを求める自治体もあるので、確認が必要です。

 **役立つ実務ネタ**

　役員がかなりの高齢者だったり、遠方に住んでいる場合は、医療法人の運営に必要な社員総会や理事会には必ず出席するという、次のような念書（覚書）の提出を求められる場合があります。
　また東京都は、理事長が70歳以上の場合は後継者の氏名を設立総会議事録に記載するよう、指導しています。

●念書（覚書）様式例（任意様式）

　　　　　　　　　　　念　　書

東京都知事　殿

　　　　　　　　　　東京都新宿区新宿○丁目○番地○号
　　　　　　　　　　　　新　宿　太　郎

　私は医療法人社団×××が設立され役員に就任した時は、医療法人社団×××の運営に必要な社員総会や理事会には必ず出席します。

2−5　理事・監事の権限・義務・責任

〔1〕医療法人の役員の責任

　医療法人の役員就任を依頼された人がまず気にするのは、役員の責任についてです。役員の責任には、大きく分けて、医療法人に対する責任と医療法人外に対する責任の2種類があります。

① 医療法人に対する責任

　医療法人と役員の関係は委任関係であり（医療法第46条の5第4項）、受任者たる役員は、委任者たる医療法人に対して、善良なる管理者の注意をもって委任事務を処理する義務（善管注意義務）を負うのが原則です（民法第644条）。
　医療法では、第47条第1項で、役員による医療法人に対する責任が明記され、同2項以下で競業及び利益相反取引と当該責任に関した規定が書かれています。

② 医療法人外に対する責任

　医療法人外に関しては、医療法人が銀行借入を行った場合などに、役員が銀行に対して責任を負う局面があるかどうかが一例として考えられます。
　医療法では、第48条第1項に「（役員が）その職務を行うについて悪意又は重大な過失があつたときは、当該役員等は、これによつて第三者に生じた損害を賠償する責任を負う」と明記されていま

す。これによって、理事が事業報告書に虚偽記載をした場合や監事が監査報告書に虚偽記載をした場合にも、第三者に対する損害賠償責任が発生する可能性があります（医療法第48条第2項）。

〔2〕理事長の権限・義務・責任

理事長の権限、義務、責任については、それぞれ医療法で下記のように明記されています。

① 理事長の権限
●医療法　第46条の6の2

> 第46条の6の2　理事長は、医療法人を代表し、医療法人の業務に関する一切の裁判上又は裁判外の行為をする権限を有する。

② 理事長の義務

理事長の義務については、医療法第46条の7の2に、一般社団法人及び一般財団法人に関する法律第91条を準用すると書かれています。

●医療法第46条の7の2において準用する一般社団法人及び一般財団法人に関する法律第91条

> （理事会設置一般社団法人の理事の権限）
> 第91条　次に掲げる理事は、理事会設置一般社団法人の業務を執行する。
> 　一　代表理事
> 　二　代表理事以外の理事であって、理事会の決議によって理事会

> 設置一般社団法人の業務を執行する理事として選定されたもの
> 2　前項各号に掲げる理事は、3箇月に1回以上、自己の職務の執行の状況を理事会に報告しなければならない。ただし、定款で毎事業年度に4箇月を超える間隔で2回以上その報告をしなければならない旨を定めた場合は、この限りでない。

上記以外は、理事の義務と同じです。

③ 理事長の責任

●医療法　第47条

> 第47条　社団たる医療法人の理事又は監事は、その任務を怠つたときは、当該医療法人に対し、これによって生じた損害を賠償する責任を負う。

●医療法　第48条

> 第48条　医療法人の評議員又は理事若しくは監事（以下この項、次条及び第49条の3において「役員等」という。）がその職務を行うについて悪意又は重大な過失があつたときは、当該役員等は、これによって第三者に生じた損害を賠償する責任を負う。

〔3〕理事の権限・義務・責任

① 理事の権限

　医療法人の理事は、理事会の構成員として、医療法人の業務執行の意思決定に参画することが当然に求められます。なお、法令には

特に明記されていません。

② 理事の義務

主な内容は次のとおりです。

●医療法　第46条の３の４

> 第46条の３の４　理事及び監事は、社員総会において、社員から特定の事項について説明を求められた場合には、当該事項について必要な説明をしなければならない。

●医療法　第46条の６の３

> 第46条の６の３　理事は、医療法人に著しい損害を及ぼすおそれのある事実があることを発見したときは、直ちに、当該事実を監事に報告しなければならない。

●医療法第46条の６の４において準用する一般社団法人及び一般財団法人に関する法律第84条

> （競業及び利益相反取引の制限）
> 第84条　理事は、次に掲げる場合には、社員総会において、当該取引につき重要な事実を開示し、その承認を受けなければならない。
> 　一　理事が自己又は第三者のために一般社団法人の事業の部類に属する取引をしようとするとき。
> 　二　理事が自己又は第三者のために一般社団法人と取引をしようとするとき。
> 　三　一般社団法人が理事の債務を保証することその他理事以外の

> 者との間において一般社団法人と当該理事との利益が相反する
> 取引をしようとするとき。

③ 理事の責任

　理論的には、理事は理事長と同等の責任を負っています。これは会社法でも同様です。ただし、実際の裁判では平取締役は責任を問われないケースが多いのに対し、代表取締役は責任を問われるケースが大半です。

　したがって、医療法人でも単独で代表権を持つ理事長のほうが責任は重いと解釈されます。

〔4〕監事の権限・義務・責任

① 監事の権限

　医療法第46条の8の3は、社団医療法人・財団医療法人の監事についても、一般社団法人及び一般財団法人に関する法律の規定を準用すると定めています。

●医療法第46条の8の3において準用する一般社団法人及び一般財団法人に関する法律第103条

> （監事による理事の行為の差止め）
> 第103条　監事は、理事が監事設置一般社団法人の目的の範囲外の行為その他法令若しくは定款に違反する行為をし、又はこれらの行為をするおそれがある場合において、当該行為によって当該監事設置一般社団法人に著しい損害が生ずるおそれがあるときは、当該理事に対し、当該行為をやめることを請求することができる。

② 監事の義務
●医療法　第46条の8の2

> 第46条の8の2　監事は理事会に出席し、必要があると認めるときは、意見を述べなければならない。

③ 監事の責任

監事も、理事と同じです。

〔5〕役員人選に関する実務上の問題点

　平成27年度の医療法改正で役員の権限や義務、責任が明確になりました。そのことを受けて、役員の人選に難航するケースが増えています。

　例えば、医療法人が開設するすべての病院、診療所、介護老人保健施設の管理者を理事に加えなければならない（医療法第46条の5第6項）ため、分院長を理事に加える必要がありますが、理事の義務と責任について説明すると辞退されることがあります。

　また、すでに述べたとおり、監事の人選は非常に難しくなっています。以前は顧問の税理士や弁護士が引き受ける場合が多かったものの、今は顧問関係や取引関係にある者は就任することができなくなったからです。

　そのため、最近では知り合いの医師（歯科医師）に頼んだり、顧問ではない税理士や経営コンサルタントに依頼したりすることが増えました。

　第三者に依頼する場合、年間数万円〜数十万円の非常勤顧問報酬を支払っているケースもあり、医療法人化を検討する際は必ず監事の人選と報酬も考慮して決めるべきです。

第3章

定款・議事録・趣意書等作成のポイント

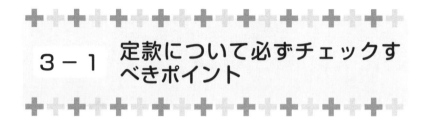

3-1 定款について必ずチェックすべきポイント

〔1〕定款とは

　定款とは、医療法人の名称や目的、内部組織や運営のルールなどを定めた法人にとっての憲法のようなものです。

　医療法人は定款で定められた内容に拘束され、また定款は管轄の都道府県の窓口で誰でも閲覧することのできる状態になっており、内容は公開されます。

　一度認可を受けた定款の内容を変更したい場合、たとえ誤字脱字の修正のような軽微な変更であっても、社員総会決議後に都道府県知事への認可申請または届出など、医療法に定める定款変更の手続きを経なければ変更の効力が発生しません。そのため、作成にあたっては細心の注意が必要です。

〔2〕定款に記載する内容

　一般的に定款には、必ず記載しなければならない事項（絶対的記載事項）と、定款の定めがなければ効力を生じない事項（相対的記載事項）、定款に記載しても無効な事項があります。

① 絶対的記載事項

　絶対的記載事項は、次の医療法第44条第2項に定められている事項です。

●医療法　第44条第2項

> 2　医療法人を設立しようとする者は、定款又は寄附行為をもって、少なくとも次に掲げる事項を定めなければならない。
> 一　目的
> 二　名称
> 三　その開設しようとする病院、診療所又は介護老人保健施設（地方自治法第244条の2第3項に規定する指定管理者として管理しようとする公の施設である病院、診療所又は介護老人保健施設を含む。）の名称及び開設場所
> 四　事務所の所在地
> 五　資産及び会計に関する規定
> 六　役員に関する規定
> 七　理事会に関する規定
> 八　社団たる医療法人にあつては、社員総会及び社員たる資格の得喪に関する規定
> 九　財団たる医療法人にあつては、評議員会及び評議員に関する規定
> 十　解散に関する規定
> 十一　定款又は寄附行為の変更に関する規定
> 十二　公告の方法

② 相対的記載事項

　相対的記載事項は、定款に定めておかなければ効力を生じない、逆に言えば決定したら定款に定めておかなければならない事項です。代表的なものには、「基金を引き受ける者の募集をすることができる旨の定め」があります。厚生労働省が公開している社団医療法人の定款例には、基金の章がありません。厚生労働省の定款例をもとに作成する場合は、注意が必要です。

そのほか、「基本財産の定め」「役員の損害賠償責任を一部免除する定め」「理事会の決議があったものとみなす定め」「法律に定められている以外の解散の事由」などが該当します。

●医療法施行規則　第30条の37第1項

> （基金）
> 第30条の37　社団である医療法人（持分の定めのあるもの、法第42条の2第1項に規定する社会医療法人及び租税特別措置法第67条の2第1項に規定する特定の医療法人を除く。社団である医療法人の設立前にあつては、設立時社員。以下この条において「社団医療法人」という。）は、基金（社団医療法人に拠出された金銭その他の財産であつて、当該社団医療法人が拠出者に対して本条及び次条並びに当該医療法人と当該拠出者との間の合意の定めるところに従い返還義務（金銭以外の財産については、拠出時の当該財産の価額に相当する金銭の返還義務）を負うものをいう。以下同じ。）を引き受ける者の募集をすることができる旨を定款で定めることができる。この場合においては、次に掲げる事項を定款で定めなければならない。
> 一　基金の拠出者の権利に関する規定
> 二　基金の返還の手続

 役立つ実務ネタ

　実際の定款作成にあたっては、各都道府県から示されている定款例に一言一句従って作成する必要があります。大幅に表現を変更したり、順番を入れ替えたりして作成すると、自治体職員がいやがってすべて定款例どおりに直すよう指導されます。

③ 記載しても無効な事項

　これから医療法人を設立する場合、持分のない医療法人しか設立することはできないので、「社員に剰余金又は残余財産の分配を受ける権利を与える」旨を規定することはできません。

　実際の設立認可申請手続の審査においては、そのような規定をして申請しても認可されることはあり得ませんが、万が一、間違ってそのまま認可されたとしても法律に反するためそもそも無効です。

 役立つ実務ネタ

　神奈川県のように、独自で厚生労働省の定款例に修正を加え、解散の事由のなかに「診療所のすべてを廃止したとき」との記載を入れるよう指導している都道府県もあります。
　医療法人の登記においては、「組合等登記令」の決まりによって登記をすることになっていますが、この法律に定めのない解散事由を定款に定めたときには、設立登記の際に「定款をもって定めた解散事由の登記」が必要になりますので、気をつけてください。

[神奈川県の定款例]（一部抜粋）

（解散）
第45条　本社団は、次の事由によって解散する。
　(1) 目的たる業務の成功の不能
　(2) 社員総会の決議
　(3) 第4条に掲げる診療所のすべてを廃止したとき
　(4) 他の医療法人との合併
　(5) 社員の欠亡
　(6) 破産手続開始の決定
　(7) 設立認可の取消し

〔3〕定款作成上の個別チェックポイント

　実際に定款を作成する際の注意点を、個別の条項ごとに紹介します。

① 医療法人の名称

　都道府県によって、医療法人の名称を「医療法人○○」で認めるところと、「医療法人社団○○」というように必ず社団・財団の別を入れるよう指導するところがあります。

　株式会社等の法人登記では、法人の商号（名称）は同一法務局管轄内での類似商号による制限などはほぼなくなっており、類似商号調査も行われなくなっていますが、医療法人の場合には、認可する都道府県内にすでにある医療法人と同一の表記の使用を認めないことが多いです。また、商業登記規則の制約は受けますので、医療法人の名称に使用できる文字と使用できない文字があります（詳細は法務省ホームページ等をご参照ください）。もちろん、医療広告ガイドライン違反になるような名称も使うことができません。

　さらに、都道府県によっては医療法人の名称に国名、都道府県名、区市町村名を用いないよう指導している自治体もあります。

　申請書案作成の後で名称の使用不可を審査担当から指導されると、ほぼすべての書類の作り直しが必要になりますので、必ず事前に、希望の名称が使えるかどうかを申請先の自治体に確認しておくことが重要です。

　なお、よく「医療法人社団○○会」と、「会」を最後につけている医療法人が多いですが、「○○会」としなければならないという決まりはありません。

　そのほか、医療法人の名称については第1章（43ページ）もご

参照ください。

 役立つ実務ネタ

　過去に地名を含んだ医療機関名で法人化した際、下記のような理由書を提出した例があります。

　　　　　　　　　　　理由書

○○○○（行政の長宛）殿

　平成××年以来××××において歯科医院を開業しております。
　個人名ではありふれており、また婚姻により氏名の変更があると患者様の信頼を失うことも考えられるので、今まで通り地名を医療機関名にとりました。

---

② 所在地

　事務所・診療所の所在地の表記は、登記で記載されている地番ではなく、住居表示のとおりに記載します。ビルの一室を医療施設とする場合は、ビル名・階数・室番号まで記載します。

③ 目的及び事業

　厚生労働省の社団医療法人定款例第3条の目的、第4条の事業の記載では、病院・介護老人保健施設を開設せず、指定管理者として管理する施設もなく、老人ホーム・サービス付き高齢者向け住宅などの附帯業務も行わない、診療所一施設のみを開設する場合には開設しない施設に関する記載、第4条第2項及び第5条は削除し、以

下のように記載します。

> （目的）
> 第3条　本社団は、診療所を経営し、科学的でかつ適正な医療を普及することを目的とする。
>
> （事業）
> 第4条　本社団の開設する診療所の名称及び開設場所は、次のとおりとする。
> 　　○○診療所　神奈川県○○市○○町○○番地

④ 基　　金

　基金制度は医療法施行規則によって、定款に定めることができるとされています。社団医療法人を設立する場合は特段の事情のない限りは基金制度を採用し、設立時の資金や必要な資産等を基金拠出するのが一般的です。定款を作成する際は忘れずに基金の章を設けましょう。

　医療法人の手続きに詳しくない行政書士や、そもそも行政書士資格を持たない無知なコンサルタントや代行事業者に法人化に関する手続きを依頼したために基金制度を設けずに全額拠出（寄付）によって医療法人を設立してしまい、十分な説明もなく財産を失ったとして、訴訟に発展しているケースもあります。

⑤ 基本財産

　厚生労働省等の定款例では不動産、運営基金等重要な資産は基本財産とすることが望ましいとされていますが、あくまでも「望ましい」であって、社会医療法人等を除く一般の医療法人では義務では

なく、基本財産の設定はしないのが通常です。設定しない場合は、条文を削除します。

⑥ 会計年度

医療法人の会計年度は4月1日に始まらなければならないという決まりはありません。任意に好きな期間を1会計年度として設定することができます。

ただし、最初の会計年度は、設立（設立認定後、設立登記をする日）から1年を超えないように注意してください。

> **役立つ実務ネタ**
>
> 過去に、予定よりも早く認可が下りたからなのか、既存の医療法人の事業年度が設立登記から最初の事業年度末まで1年2週間くらいの期間となってしまっていた法人がありました。その結果、税務申告では設立日から丸1年までを第1期として申告し、そこから定款上の事業年度末までの約2週間でまた決算を行い、その約2週間を第2期として申告することになった事例があります。
>
> そのほか、「本社団の会計年度は、毎年1月1日に始まり翌年12月31日に終る。」と、定款に定めている医療法人もありました。これでは、事業年度が2年間になってしまいます。これで認可を受けられたことにも驚きますが、正しくは「本社団の会計年度は、毎年1月1日に始まり12月31日に終る。」です。

⑦ 役員に関する事項

　理事の人数は「3名以上○名以下」と、上限と下限を決める必要があります。「3名以上とする」という定め方では認められません。

　あとから定数を増員するには定款変更認可申請が必要になりますので、上限値は将来のお子様の加入等の可能性も考えて、少し余裕を持った人数を設定することをお勧めします。

　ただし、監事の人数については、特段の事情がない限りは「1名」で十分です。

　常務理事を定めるかどうかは任意ですが、常務理事を置く場合には定款に定めることができます。定款に常務理事の規定のない医療法人で、自称常務理事を名乗られている方がいますが、定款に常務理事の定めがあり、理事長と同様に理事会において常務理事として選任された手続きを経ていない方は役職名を常務理事として議事録に記名押印できません。

　理事に関して、「理事の人数は1～2名で医療法人を作りたい」「管理者を理事に加えないで医療法人を設立したい」とおっしゃる方がいますが、いずれも「都道府県知事の認可を受けた場合は」の特例ですので、設立時ではまだ認可を受ける医療法人が存在しないためできません。

⑧ 理事長の報告義務

　平成28年施行の医療法では、理事長は3か月に1回以上、自己の職務の執行状況を理事会に報告しなければならないことになりました。ただし、定款で定めた場合は4か月を超える間隔で2回以上とすることができるので、年4回以上の理事会開催が困難な場合はこちらの内容で定款を作成することをお勧めします。

なお、定款で定めた最低限の回数よりも実際の報告の回数が増えることはまったく問題はなく、定款変更をする必要もありません。

⑨ 役員の任期

　役員の任期については、医療法で「2年を超えることができない」となっていますが、厚生労働省や各都道府県の定款例では「2年とする」と記載されています。2年以下であれば法律上問題はありませんが、あえて短く設定する必要はないでしょう。

　なお、厚生労働省や各都道府県の定款例では、役員の任期についての第2項では、「2　補欠により就任した役員の任期は、前任者の残任期間とする。」と書かれています。ただ、そうすると補欠の場合しか他の役員と任期が合いません。

　「2　補欠又は増員により就任した役員の任期は、前任者又は他の在任役員の任期の残存期間と同一とする。」としたほうが、役員の任期管理や改選手続が楽になります。2年より短い任期となるので、このような条文とすることに法律上問題はありません。ただし、このような条文は認められないと指導している自治体もあるため、事前に確認することをお勧めします。

> **役立つ実務ネタ**
>
> 　最初の役員の任期についても役員の任期は2年を超えなければよいので、1年未満でも可能です。また、役員の改選に伴う届出や理事長の重任登記の手続きがあることも考えると、最初の役員の任期は決算承認の定時社員総会開催月の月末に合わせたほうが、手続きを一度にまとめてできるので事務負担が減ることになります。役員全員が重任の場合には、決算承認を行う定時社員総会において役員改選の予選を行うことで、月末に

社員総会をわざわざ開催する必要がなくなるからです。
　ただし、役員全員が重任ではない場合は予選は行えないため、就任日に本選を行う必要があります。

⑩ 役員の報酬等

　医療法人の役員の報酬等の決定方法を定款に記載することが必要になりました。ただ、定款で金額を定めてしまうと金額の変更には定款変更が必要になるため、医療法人の経営状態に応じて臨機応変に年度ごとに増額・減額をしづらくなります。「社員総会の決議によって別に定めるところにより支給する。」のように定めておくことをお勧めします。

⑪ 議事録署名人の条項

　厚生労働省の定款例第39条第2項では、理事会に出席した理事及び監事は理事会の議事録について署名し又は記名押印するとなっていますが、「署名し、又は記名押印する者を、理事会に出席した理事長及び監事とすることも可」と厚生労働省の定款例の備考に記載があるので検討するのもよいと思います。

　次に示すのは医療法人の設立において、東京都から実際になされた指導内容ですが、議事録署名人になることと理事会に異議を述べずに損害賠償責任を負うことはまったく別です。異議を述べたにもかかわらず、その事実を議事録に記載しなかった議事録作成者と、その内容を確認して記名押印した理事長・監事が責任を負うだけです。

第42条第2項（DL版第44条第2項）について、定款例において、議事録署名人を理事長及び監事と規定することも可能とされていますが、平成28年9月施行の改正医療法では、理事会議事録の記載内容に対して一定の法的効果が付与されています。例えば、違法又は不当な内容の決議が理事会でなされた場合、当該理事会の議事録中に異議を述べた旨の記載がないと、理事は当該決議に賛成したものと推定されるというリスクを負うことになります。理事は、適切ではないと考える議案に対しては異議を述べた上で、その異議が議事録に記録されていなければ、厳しい立場に置かれることになります。このことを踏まえると、法人のためにも、各理事のためにも、将来のトラブルを防止する観点等から、出席者全員が記名押印することが望ましいと考えております。このことをご留意の上、法人としてどのように規定されるか再度ご検討の上、「理事長及び監事」とする場合には、その理由をご教示ください。

⑫　公告の方法

　医療法人の公告の方法については従来、官報に掲載する方法を採用することが必須でしたが、新聞に掲載する方法やホームページでの公告も採用することができるようになりました。

　費用面やスピードを考えても、第一にはホームページでの公告としておくとよいでしょう。

3－2　議事録・趣意書等の作成のポイント

〔1〕設立総会とは

　社団医療法人では、法人を設立しようとする人が、設立趣意書・定款案などを作り、設立に賛同する複数名の者が集まって設立者となり、医療法人の定款の内容や、設立時の役員、設立時の医療法人の資産内容や事業計画などを合意で定める必要があります。この合意のための話し合いの場が設立総会です。

　なお、設立総会に参加した設立者が医療法人設立後の社員・役員になるのが一般的です。社団とは人の集まりですので、一般社団法人などでは最低2名以上の発起人（設立時社員）がいれば法人設立ができることになっていますが、医療法人では社員及び理事は3名以上が望ましいとされているので、設立者も3名以上必要です。

〔2〕設立総会議事録・趣意書

　医療法施行規則第31条第3号により、医療法人設立の認可を受けようとする者は申請書に設立決議録を添付しなければならないということが定められています。この設立決議録にあたるものが、設立者による設立総会の議事録です。

　一方、設立趣意書は、医療法人の設立動機や経緯などを記載した文書です。

　一人医師医療法人の設立の場合には、昭和63年12月21日付

「医療法人制度の運用について」という当時の厚生省通知で「規則第31条第3号に掲げる設立決議録については設立趣意書に代えるなど申請書類の簡素化を図られたいこと。」などが明示されています。

この通知に準じて、例えば東京都では、現診療所で2年以上の個人開設実績があり、個人開設していた本人が、医師又は歯科医師が常時1人又は2人勤務する診療所を1か所のみ開設する医療法人の理事長及び診療所の管理者にも引き続き就任し、過去2年間の黒字の確定申告書を添付することが可能で、かつ医療法人設立後2年間においても事業内容の変更がない場合には、設立趣意書、設立代表者への委任状、設立後2年間の事業計画、設立後2年間の予算書を、申請書へ添付することを省略できるとしています。

ただし、都道府県によっては、いまだに一切の省略を認めていない自治体や、設立総会議事録に加えて別に設立趣意書を求めているところも多いので、申請先の自治体の取扱いの確認が必要です。

なお、設立趣意書を省略している東京都においても、設立総会議事録の議案のなかに、医療法人設立趣旨承認の件として、趣意書に記載するのと同様の内容を記載する必要があります。

① 設立総会議事録の記載事項

設立総会議事録に一般的に記載する内容は、以下のとおりです。
- ㋐ 開催日時
- ㋑ 開催場所
- ㋒ 出席者（設立者）の住所・氏名
- ㋓ 設立趣旨の承認
- ㋔ 設立時社員の確認
- ㋕ 定款案の承認

㋖ 拠出（基金拠出）の内容及び設立時の財産目録の承認
㋗ 役員及び管理者の選任
㋘ 設立代表者の選任
㋙ 診療所の建物を賃借する場合はその賃貸借契約に関する承認
㋚ リース契約引き継ぎの承認
㋛ 設立後2年間（場合によっては3年間）の事業計画及び収支予算の承認
㋜ 役員報酬の予定額

② **設立趣意書の記載事項**

設立趣意書に一般的に記載する内容は、以下のとおりです。
㋐ これまでの発展経緯
㋑ 医療法人設立の意図
㋒ 医療法人の設立時期
㋓ 診療所等の開設時期
㋔ 事業内容
㋕ 医療法人名称の由来

このうち、医療法人名称の由来に関しては、実際の認可不認可の判断要件にはまったく関係ありませんが、医療法人の設立認可にあたっての都道府県医療審議会の諮問の際に、設立趣意書は資料として出されるため、必ず記載するように求められます。

> **役立つ実務ネタ**
>
> 設立代表者と理事長、管理者が同一人物でない場合や、理事長になる人が拠出（基金拠出）する財産の割合が全拠出の50％以下の場合には、その理由の記載が求められることもあります。いずれも名義貸しを疑われ、特に一人医師医療法人で

は一般的には考えづらい状況ですので、余計な疑惑を持たれないような内容で申請しましょう。

　医療法人制度は医療機関の経営に永続性を持たせ、地域における医療の重要な担い手としての役割を積極的に果たせるようにすることが目的ですので、東京都など、自治体によっては理事長が70歳以上の場合にはその後継者についても氏名を明記するように求めるケースもあります。後継者がおらず解散する医療法人は実際に多く、また解散にも認可が必要なので手続きは面倒です。

〔3〕設立総会議事録・趣意書の作成上の個別チェックポイント

　実際に設立総会議事録・趣意書を作成する際の注意点を紹介します。

① 出席者

　出席者は、社員名簿に記載する社員全員を記載します。住所・氏名の記載は印鑑証明書のとおりに都道府県名から記載します。

② 拠出と基金拠出

　医療法人に必要な資金、資産等をどのように調達するのかに応じて、拠出または基金拠出を使い分けて内容を記載します。特段の事情がある場合を除き、出したら戻ってこない拠出ではなく、基金拠出を行うのが一般的です。

　基金拠出を行う場合には、次のような文言を議案中に加えます。

> なお、当該基金拠出契約に関し、次のように述べた。
>
> 　拠出金は医療法人社団○○設立認可後、××年間が経過した後に、拠出者に返還するものであり、金銭以外の資産にかかる拠出金の返還については、拠出時における当該資産の価格をもって返還すること。
>
> 　医療法人が解散した場合には、他の債務の弁済後でなければ拠出金を返還することができないこと。
>
> 　拠出金は利子を付して返還しないこと。

 役立つ実務ネタ

　基金拠出契約における拠出金の返還時期は任意です。法令及び定款上返還できる条件については規定がありますが、返還可能な時期については何も定められていません。

　設立総会の決議や基金拠出契約で、返還までの時期について「設立認可後10年経過後に返還する」と決めるよう強要される自治体もありますが、基金拠出契約はあくまでも契約ですので、設立後に当事者の合意で変更契約をすることは制限できません。法令・定款で定めた条件さえクリアできれば、予定よりも早く返還することができるようにすることは可能です。

③ 財産目録及び必要な設備の準備について

　医療法人に引き継ぐことができる財産の種類や財産額確定の基準日は申請する自治体によって異なります。事前に確認して準備を進める必要があります。

　またその際、財産目録との整合性にも注意が必要です。

　医療法人の認可の要件として、事業運営に必要な資金・施設・設

備等の動産を有することとされています。施設・設備に関してはすべてを所有していることまでは必要とされていません。リースや賃貸借契約、購入など実際の計画に応じて決議を取ることになります。なお、それに応じて必要な資金額が増減することになるので、予算書等との整合性にも注意が必要です。

④ 管理者の選任

　医療法人が開設する医療施設の管理者は理事に就任する必要があります。個人クリニックを開設していた医師または歯科医師が設立代表者となり、理事長と管理者に就任するのが一般的です。稀に個人クリニックを開設していた医師または歯科医師は理事長にのみ就任して個人クリニックの勤務医を管理者及び理事に就任させるケースもあります。

⑤ 役員報酬

　設立後に役員報酬を支払う予定がある場合には、その旨と役員報酬総額を設立総会議事録に記載することが必要です。予算書との整合性に注意して記載します。

　なお、正式に決定するには医療法人設立後に社員総会での決議が必要です。

⑥ 設立趣意書のこれまでの発展経緯について

　個人診療所の開設年月日や届出の状況を確認して、事実に誤りのないように注意してください。

3-3　事例別作成例

　議事録に記載する設立の趣意や趣意書の内容には、法人化する動機・意図が納得できるようなストーリーが必要です。
　ここでは、ケース別の作成例を紹介します。

① 法人設立時から複数クリニックを同時に開設する際の議事録例

```
　　　　　　医療法人社団○○会　設立総会議事録

1　日　　時　平成○年○月○日　○○時○○分～　○○時○
　　　　　　　○分
2　場　　所　東京都○○区○○丁目○番○号○○ビル○階に
　　　　　　　於いて
3　出席者（設立者）住所・氏名
　　　　　（住所）東京都○○市○○丁目○○番地○
　　　　　（氏名）○○　　○○
　　　　　（住所）東京都○区○○丁目○番○－○○○号
　　　　　（氏名）○○　　○○
　　　　　（住所）東京都○○区○○丁目○○番○○号
　　　　　（氏名）○○　　○○
　　　　　（住所）埼玉県○○市○○区○○番○－○○○号
　　　　　（氏名）○○　　○○
　　　　　（住所）東京都○○区○○丁目○番○－○○○号
　　　　　（氏名）○○　　○○
```

4　議　　事
　医療法人社団〇〇会を設立するため、上記のとおり設立者全員が出席した。議長を選出すべく、全員で互選したところ、〇〇〇〇が選ばれ、本人はこれを承諾し議長席につき〇〇時〇〇分開会を宣し、議事に入った。

第1号議案　医療法人設立趣旨承認の件
　設立者〇〇〇〇は発言し、本法人設立の趣旨を次のとおりに述べた。
　〇〇クリニックは、〇〇の身体的な悩みへの取り組みに力を入れて今日まで多くの患者様の健康・美容・自信回復に貢献してきました。
　これまで各クリニックは完全独立採算にて経営を行うも、研究会での医療技術等の情報共有や共同での広告戦略などを行って参りましたが、近年患者数が増大し、今後も永続的に診療所を運営していく必要性を痛感します。
　そのためには、家計と経営を分離し近代的経営を行い、診療所の安定を図ると共にコンプライアンスの重視等さらに社会からの信頼を得られる運営を行ってまいらなければなりません。
　平成〇年〇月の医療法人化で現在の各クリニックの事業を引き継いで医療法人としての診療所の開設を平成〇〇年〇月に行うことにより、経営の合理化をはかり、また職員の研修教育を行い、従前にもまして〇〇の為の医療に貢献していきたいと思います。
　医療法人の名称には、〇〇である〇〇から〇の一字を使用し、さらに健全な医療機関として〇〇していくことを目指して医療法人社団〇〇会としたいと思います。
　また、法人の設立にあたっては、法人化当初必要となる運転

資金は○○○○が拠出し、全設立者は現在各自が開設管理している各クリニックの内装・設備・備品等クリニックに付属する全てを無償にて設立する法人に寄付することとし、各設立時社員の拠出額は別紙「役員および社員の名簿」のとおりとなる事を説明した。
　議長は、本趣旨の承認を全員に諮ったところ、全員異議なくこれを承認し、本案は可決された。

第２号議案　社員確認の件
　議長は発言し、本法人が東京都知事の認可を受けて設立されたときは、本設立総会に出席した設立者全員が本法人の社員となることを述べたところ、全員異議なくこれを承認し、本案は可決された。

第３号議案　定款承認の件
　議長は本法人の定款案を朗読し、全員に諮ったところ、全員異議なくこれを承認し、本案は可決された。

第４号議案　拠出申込み及び設立時の財産目録承認の件
　議長は発言し、本法人設立の資産とするため、拠出を受けたい旨を述べたところ、設立者のうちから次のとおり拠出したい旨の申込みがあった。

（○○○○）	現預金	50,000,000 円
	建物付属設備	615,737 円
	什器・備品	3 円
	保証金（建物）	8,900,000 円

（○○○○）	建物付属設備	1,096,482 円
	什器・備品	711 円
	保証金（建物）	11,732,000 円
（○○○○）	建物付属設備	866,780 円
	什器・備品	75,165 円
	保証金（建物）	9,784,320 円
（○○○○）	建物付属設備	427,741 円
	保証金（建物）	6,006,229 円
（○○○○）	建物付属設備	4,832 円
	保証金（建物）	5,490,000 円
	合　　計	95,000,000 円

　議長は、前記の拠出の件について全員に発表したところ、一同これを確認し、設立時の負債金額を金0円とすることを承認した。

　議長は発言し、この結果本法人設立時の純資産額は金9,500万円とし、その財産目録は別紙のようになると示したところ、一同これを承認し、本案は可決された。

第5号議案　役員及び管理者選任の件
　議長は発言し、第3号議案で可決した定款に規定されるところに従い、本法人の役員及び管理者を選任したい旨を述べ、議長は△△△△氏を隣室から呼び入れた。設立者間で協議したところ次のように選任された。

理　事　　○○　　○○（医療法人社団○○会○○クリニック
　　　　　　　　Ａ院管理者）
　　　同　　　　○○　　○○（医療法人社団○○会○○クリニック
　　　　　　　　Ｂ院管理者）
　　　同　　　　○○　　○○（医療法人社団○○会○○クリニック
　　　　　　　　Ｃ院管理者）
　　　同　　　　○○　　○○（医療法人社団○○会○○クリニック
　　　　　　　　Ｄ院管理者）
　　　同　　　　○○　　○○（医療法人社団○○会○○クリニック
　　　　　　　　Ｅ院管理者）
　監　事　△△　△△
　選任された者は各自この就任を承諾し、△△△△氏は退室した。
　ついで議長は、理事長を選任したい旨を述べ、理事に決定した者の内から、次のように互選された。
　　　理 事 長　　○○　　○○
選任された者は、この就任を承諾した。

第６号議案　設立代表者選任の件
　議長は発言し、医療法人の設立は、原則として設立者全員の連署で東京都知事に申請することとなっているが、ここで設立代表者を１名選任し、設立に関する一切の権限を委任したい旨を述べたところ、一同これに賛成したので、設立代表者を互選したところ、次の者が選任された。
　　　　設立代表者　　○○　　○○
　　○○○○は、これを承諾した。

第7号議案　本法人の開設する診療所の建物を賃借する契約承認の件

　議長は発言し、本法人の開設する診療所の建物は、賃借する予定なので、本法人を設立するに際し、現在の各契約を継続し賃借人の名義を変更する必要があることを述べ、覚書案をそれぞれ示し、これらの承認を求めたところ、全員異議なく承認し、本案は可決された。

第8号議案　平成○年度及び平成○年度の事業計画及び収支予算承認の件

　議長は発言し、平成○年度及び平成○年度の事業計画案及びこれに伴う予算案を一同に示すとともに、役員に役員報酬を支払いたい旨詳細に説明をなし、初年度の理事の報酬総額を年額金○○○○万円とし、また、監事の報酬総額を年額○○万円とし、これには使用人兼務役員の使用人部分の給与を含めないこととしたい旨を述べ、その承認を求めたところ、全員異議なく承認し、本案は可決された。

　以上をもって、医療法人社団○○会の設立に関するすべての議事を終了したので議長は閉会を宣した。

　本日の決議を確認するため、設立者全員が記名押印する。

設　立　者　　　　○○　○○　　㊞

② 通常の個人開設クリニックが医療法人化する際の趣意書例

医療法人社団○○会　設立趣意書

　本診療所は、昭和○年開院の○○内科医院を承継し、○○○○クリニックとして平成○年○月○日にリニューアルオープンし、先代、故○○○○院長の築いた地域医療への取り組みを引き継いで今日まで地域医療に貢献してきました。

　近年患者数が増大し、今後も永続的に診療所を運営していく必要性を痛感します。

　そのためには、家計と経営を分離し、近代的経営を行い、診療所の安定を図らなければなりません。

医療法人化により、経営の合理化を図り、また職員の研修教育を行い、従前にもまして地域医療に貢献していきたいと思います。

＜医療法人の名称の由来＞
　本院の礎を築いた、先代開設者の名前及び設立代表者を支えて医院の発展に寄与してくれている設立代表者の妻の名から一文字ずつ取り、「○○会」としました。

平成○年○月○日
医療法人社団○○会
設立代表者　○○○○

③　クリニック開設後2年未満の歯科医院を法人化、クリニック建物を転貸借していたケースの趣意書例

医療法人社団○○会　設立趣意書

1　個人で開業している医療機関の経緯
　平成○年○月○日に○○歯科を開設した。
　診療所建物を賃貸する時に貸主である株式会社○○より、借主は個人でなく法人にして欲しいと依頼されたので、○○歯科を開設する直前に勤務していた医療法人社団○○の理事長○○氏に相談した結果、○○氏の妻である○○氏が代表取締役を務める有限会社○○に借主となっていただき、全くの同条件で有限会社○○から転貸を受けることになった。なお、転貸につい

ては株式会社〇〇の承諾を得ている。

　開設後の患者数はまだ一日平均15名程度だが、前職の医療法人社団〇〇で知り合った歯科医師の〇〇氏と協力し、インプラント治療を積極的に行っているので、開設一年目の年収は〇カ月間で〇〇〇〇万円となった。

2　法人化する動機・意図
　上記で述べたようにインプラント治療を積極的に行った結果、収入が順調に増えてきている。
　また、前述した〇〇氏と協力しながら診療所を経営していくことになったので、個人開業のままだと不都合が生じる恐れがある。
　さらに、いつまでも有限会社〇〇から転貸という形を続ける訳にはいかないので、診療所を法人化し、借主の地位を承継したい。
　以上の理由から、診療所を更に発展させ、医業の永続性確保のため、医療法人社団〇〇会を設立し、経営の近代化と組織の適正化を図り、なお一層の地域医療への貢献を図ることとした。

3　医療法人の名称由来
　〇〇〇。

平成〇年〇月〇日
医療法人社団〇〇会
設立代表者　〇〇〇〇

④ 父親が長年開設していた歯科医院を息子が承継し、承継した2年後に医療法人化したケースの趣意書例

設立趣意書

1　開設からの発展経過
　本院は設立代表者の父である○○が昭和○年○月に開設した歯科診療所であり、平成○年○月に設立代表者である○○が○○より営業譲渡を受け現在に至っております。
　○○が開設した当時の一日平均外来患者数は○○人であり、現在は一日平均外来患者数は○○人（保険○○人、自費○○人）で年収は○億○千万円を超えております。

2　法人の設立意図
・本院は設立代表者の父である○○が昭和○年○月に開設以来、○○歯科医師会に入会し、たえず地域に密着した医療を心がけ、地域住民他多数の方々の御協力、援助もあり、医療体制も整い経営も安定してまいりました。
・今後もこれらを続けるとともに、医業と家計の分離を図り経営の近代化を目的とした法人化が必要と考えるのであります。
・法人の名称の由来は、当院の患者、職員等当院に関わりを持たれる方々がそれぞれ輝かしい人生を送っていただきたいという願いから、○○会と名付けました。

3　事業内容
従業員数　歯科医師（常勤）　2人、歯科医師（非常勤）1人
　　　　　歯科衛生士（常勤）1人、歯科助手（常勤）　3人
　　　　　事務員（常勤）　　1人

4　事業計画
・初年度（平成〇年〇月〇日～平成〇年〇月〇日）
　現在の経営状態を維持しつつ、医療法人としての内部体制の合理化及び強化を図るとともに診療収入の増加を目指し、診療内容の充実に努力する。
　診療所建物の内部造作と医療機器を購入予定である。代金の支払いは5年間の割賦払いとする。
・次年度（平成〇年〇月〇日～平成〇年〇月〇日）
　初年度に引き続き、内部体制の合理化及び強化に努め、収益の増加を図りつつ、地域住民に対する、医療の充実向上に努力する。

5　当診療所において平成〇年〇月〇日開催の設立総会において次の事項を確認して医療法人設立に賛同する。
　①医療法人設立趣旨承認
　②社員確認
　③定款承認
　④拠出申込み及び設立時の財産目録承認
　⑤初年度及び次年度の事業計画並びにこれに伴う予算案承認
　⑥役員及び管理者選任
　⑦設立代表者選任
　⑧本法人の開設する診療所の建物を賃貸する契約の承認

　　　　　　　　　　　　　　　　　平成〇年〇月〇日
　　　　医療法人〇〇会　設立代表者　　〇〇〇〇

⑤ M&Aでクリニック開設後1年以内に医療法人化した歯科医院で、設立趣意書が不要な自治体なので設立総会議事録に簡単な経緯と法人名由来を記載したケースにおける議事録の設立の趣旨の例

> 第1号議案　医療法人設立趣旨承認の件
> 　設立者○○は発言し、本法人設立の趣旨を次のとおりに述べた。
> 　○○は平成○年○月に○○氏が医療法人○○より事業を引き継いで開業した歯科医院であり、開業後順調に患者数は増え続けている。
> 　○○は歯科医師の○○氏の協力を得ながら診療所を経営していくことになるし、開業時の資金面でも○○氏に協力をしてもらっているので、個人開業のままだと責任の所在等が不明確で不都合が生じる恐れがある。
> 　そこで、診療所を更に発展させ、医業の永続性確保のため、医療法人社団○○を設立し、経営の近代化と組織の適正化を図り、なお一層の地域医療への貢献を図ることとした。
> 　○○とは○○という意味があり、女性が来院しやすい雰囲気をつくるため○○のロゴマークは○○を用いている。
> 　そこで、ロゴマークとの統一を考慮して医療法人名を○○にした。

⑥ 開設実績ゼロで在宅療養支援診療所、訪問看護、訪問介護を設立時より開設した医療法人のケースの趣意書例

設立趣意書

1　開設に至る経過

　人口の高齢化は急速に進行し、高齢者に対する医療・介護の需要は増加の一途を辿っており、〇〇地区ではこの傾向が顕著に現れています。急性期病院に来院する高齢の救急患者が増加し病床を占める高齢者の割合が増加していますが、療養病床削減等により後送病床の縮小や在宅医療・療養支援体制の整備の遅れ等により、急性期病院における入院病床の確保が困難になりつつあります。高齢者医療・介護サービスの包括的提供体制を確立することは、急増する在宅医療を支え、急性期医療を維持する上で急務となっています。

　我々は、この役割を果たすために、地域医療機関・諸施設との有機的連携のもとで、リハビリテーションを含む在宅医療・保健事業の拠点として、在宅療養支援診療所における医療を核とし、医学的に適切な看護・介護を提供する複合施設の開設を決意しました。

2　法人の設立意図

　上記趣旨に基づく複合施設の開設は個人で成し得るものではなく、また、その利益も個人に帰するべきではないことから、社会の公器たる医療法人として開設することが相当であると考えます。

　名称「〇〇会」は、

という意味をこめて、名づけました。

3　事業内容
　　従業者数　医師（常勤）　　　1人　　医師（非常勤）　6人
　　　　　　　看護師（常勤）　　　6人
　　　　　　　介護福祉士（常勤）　4人
　　　　　　　ホームヘルパー（常勤）8人
　　　　　　　理学療法士（常勤）　1人
　　診療科目　内科、神経内科、呼吸器内科
　　診療日　　月曜日～土曜日

4　事業計画
・初年度（平成〇年〇月〇日～平成〇年〇月〇日）
　診療所および複合施設を開設し、安定した運営体制ならびに近隣諸施設との連携関係を確立する。
・次年度（平成〇年〇月〇日～平成〇年〇月〇日）
　増大する患者・利用者に対応できる人材育成に注力すべき、連携先職員も交えた研修会を実施し、単年度黒字を達成する。

5　〇〇において平成〇年〇月〇日開催の設立総会において次の事項を確認して医療法人設立に賛同する。
　　①医療法人設立趣旨承認
　　②社員確認
　　③定款承認
　　④拠出申込み及び設立時の財産目録承認
　　⑤初年度及び次年度の事業計画並びにこれに伴う予算案承認

⑥役員及び管理者選任

⑦設立代表者選任

⑧本法人の開設する診療所の建物を賃借する契約の承認

平成〇年〇月〇日

医療法人〇〇会　設立代表者　〇〇〇〇

第4章

事業計画書作成のポイント

4-1 事業計画書・予算書の基本的な考え方

〔1〕事業計画書・予算書作成のポイント

　事業計画書と予算書には、設立後2年間の事業計画を記載します（初年度が6か月未満の場合は3年間）。

　作成する際には、まず設立総会議事録や設立趣意書、診療所概要との整合性が取れているか、確認が必要です。そのためには「診療所概要→給与費内訳書→予算明細書→設立後2年間の予算書→設立後2年間の事業計画書→設立趣意書→設立総会議事録」という順番で、具体的な内容のものから作成していくと、矛盾なく作成しやすいでしょう。

　また、事業計画書や予算書に記す内容は、収入と支出に根拠があるかどうかも重要です。個人開設の診療所として実績がある場合は、実績（平均値）をもとに作成します。青色申告決算書や同医師及び歯科医師用付表などを根拠資料として添付します。

　実績がない場合は、認可を下す側が納得できるような数字を作らなければなりません。そのためには、信頼し得る根拠資料をもとに数字を作る必要があります。

　例えば、患者数については診療圏調査の結果（一次診療圏、二次診療圏の傷病分類別・年代別推計患者数など）を、診療報酬単価については厚生労働省が発表している「医療費の動向」の診療科別外来診療単価などを根拠資料として添付するとよいでしょう。

　なお、医療法では、医療法人制度の目的の一つに医業の永続性を

確保することを掲げています。そのため、当然ですが、必ず黒字の予算書である必要があります。

　個人開設の診療所として実績があり、黒字であれば、その実績をもとに作成すれば問題はありません。一方、もし赤字であれば、例えば「近隣の〇〇病院との連携を強化する」「〇〇の専門医の〇〇先生が診療に加わる」など、何らかの理由で今後増患が見込めることを説明し、収支予算が回るように作成します。

　事業計画書は、自治体によっては具体的な記載例が示されていることもあります。例えば東京都の「医療法人設立の手引」では、「建物増改築計画、物品購入計画、病床計画、資金計画及び債務の弁済計画、職員採用計画、収支見込み、当面の運転資金等」について記載するよう求めています。また、次年度以降に分院開設や移転の予定がある際は必ず記載すべきです。そのほか、1年以内に定款変更を要するような予定がある場合は、そのことも入れておかなければ、定款変更時に、設立時事業計画に今回の予定がなかったのか等を問われる場合もあり、後々面倒になりますので記載しておいたほうがよいでしょう。

　最後に、事業計画書・予算書作成の最大のポイントは、ストーリーに具体性と整合性があることです。認可をスムーズに受けたいのなら、見る人の立場になって考え、認可を受けやすい計画を作るべきです。そのためには、妥当な事業内容、裏付けのある適当な数字を並べることが重要になります。

　逆に避けたいのは、提出した後で自治体職員に指摘されて作り直すことです。一度提出した書類は取り下げることはできないので、最初から整合性のとれた計画を作成するようにしましょう。

●**事業計画作成上の注意**
（東京都「医療法人設立の手引」より）

> 1 建物増改築計画、物品購入計画、病床計画、資金計画及び債務の弁済計画、職員採用計画、収支見込み、当面の運転資金等について、できる限り詳細に記載してください。法人設立後に、新たな医療施設を開設する計画がある場合は、その内容も記載してください。
> 2 内容を予算書と一致させてください。
> 3 初年度が6か月未満の場合は、3年度分作成してください。
> 4 今回法人化する診療所について2年以上個人開設されている方が、医師又は歯科医師が常時一人又は二人勤務する診療所を1か所のみ開設する医療法人の理事長及び診療所の管理者に就任する場合、この様式の添付は不要です（作成は必要です。）。ただし、過去2年間の黒字の確定申告書を添付することが可能で、かつ医療法人設立後2年間においても、事業の変更のない場合に限ります。
> 　　※「2年以上」の判定は、同一の管理者、同一の診療所所在地について行います。
> 5 上記4に関わらず、病床をもっている診療所を開設している場合は、この様式の添付は必要です。

● 東京都様式の事業計画例

設立後2年間の事業計画

初年度（平成　　年　　月　　日～平成　　年　　月　　日：　　か月）

法人設立後、初年度は法人としての形態を整備するとともに、研修の充実、医療内容の充実を図り、診療体制の安定化、診療収入の増大に努める。

　＊その他記載例
　　建物増改築計画、設備・物品購入計画
　　病床計画
　　職員採用計画
　　研修計画

次年度（平成　　年　　月　　日～平成　　年　　月　　日）
初年度に引き続き、医療内容の向上に注力するとともに、外来患者数の拡大を目指す。

　＊その他記載例
　　常勤看護師一名の増員（○○円）　⇒　※予算書に組み入れます
　　分院開設に向けた調査活動

 **役立つ実務ネタ**

　前述のとおり、分院開設を検討している場合はその旨を事業計画書に入れるべきです。ただ、「分院を開設する」と明記するとその分の費用を計上しなければならなくなるため、「分院開設を検討する」「分院を開設する場合もあり得る」といった表現に留めるとよいでしょう。あるいは、事業計画書には「分院開設に向けた調査を行う」などと書き、予算書には「調査費」として交通費程度の金額を計上するのも一つの方法です。

〔2〕事業計画書・予算書等の提出が不要になるケース

　事業計画書や予算書等は、個人開設で2年以上の実績がある場合などの一定条件を満たしている場合、添付が不要になることもあります。ここでは、東京都、神奈川県、千葉県、静岡県の条件を紹介します。

●事業計画書、予算書等の添付の要・不要の基準（各都道府県抜粋）

東京都	以下、いずれの条件もあてはまれば添付不要 ・2年以上個人開設していた場合 ・常時1人又は2人勤務する診療所を1か所のみ開設する医療法人の理事長及び管理者に就任する場合 ・過去2年間の黒字の確定申告書添付が可能な場合 ・設立後2年間は事業変更なしの場合 ・有床の診療所でない場合
神奈川県	条件にかかわらず添付要
千葉県	一人医師医療法人を設立しようとする場合、現在地において2年以上の安定的な運営実績がある場合には、事業計画、予算書の添付不要
静岡県	個人時代の実績が基準日以前2年以上ある法人は1年分添付、それ以外は2年分添付

このように各自治体によって事業計画書等の要・不要の条件は異なります。必ず申請する自治体の手引きを確認してください。

〔3〕予算書の数字について

　予算書は、自治体ごとに様式があり、収支科目も記載されています。
　東京都、神奈川県、千葉県などの場合は運転資金の必要額に対して準備額が上回っていなければならないため、運転資金必要額を減らすことと、窓口収入を増やすことが、予算書作成上のテクニックとなります。
　それぞれのポイントは、下記のとおりです。

① 運転資金必要額を減らすポイント
　・人件費はおさえめに設定する。
　・設立代表者から医療機器等を購入する場合は支払い回数を増やすなど、初年度の支払いを極力減らす。
　・医薬品費等は2か月以上遅れて支払う計算書にする。

② 窓口収入を増やすポイント
　・自費収入を積極的に見積もる。
　・来院患者数は、妥当な範囲で最初から積極的に設定する。

● 「運転資金」について
（神奈川県「医療法人設立認可申請の手引き」より抜粋）

（運転資金）　　　　　　　　　　　　　　　　（単位：千円）

必要額	準備額	内訳	拠出金等	
			窓口収入	

(作成上の注意)
5. 運転資金「準備額」は、「必要額」と同額かそれ以上であること。
6. 運転資金「必要額」の求め方
   必要額＝初年度支出（医業費用＋医業外費用＋借入金（元金）返済）の2か月分
7. 運転資金「準備額」の求め方
   準備金＝現物拠出財産（預金＋医業未収金）＋窓口収入の2か月分

役立つ実務ネタ

大阪府など自治体によっては、拠出する現預金（準備額）について独自の基準を設けているところもあります。大阪府の場合、拠出する現預金は「2か月分の医業費用」の額又は1千万円のいずれか高いほうの金額が必要としています。さらに、大阪府では複数の診療所を開設する場合は最低2千万円以上の拠出金が必要としています。

〔4〕特殊なケースの事業計画書・予算書例

① 在宅療養支援診療所と訪問看護ステーション、訪問介護事業所を開設するケースでの事業計画、予算書例

設立後2年間の事業計画

初年度（平成〇年〇月〇日～平成〇年〇月〇日）
　〇〇地域での高齢者医療・介護サービスの包括的提供体制を

確立するために、地域の医療機関・諸施設との有機的連携のもとで、リハビリテーションを含む在宅医療・保健事業の拠点として、在宅療養支援診療所における医療を核とし、医学的に適切な看護・介護サービスを提供する複合施設を開設する。
　開設する事業所としては、以下の事業所を予定している。

診療所：
　○○クリニック
　　神奈川県○○市○○
附帯事業：
(1) ○○クリニック（居宅サービス事業・介護予防サービス事業）
　　　神奈川県○○市○○
(2) 訪問看護ステーション○○（居宅サービス事業・介護予防サービス事業）
　　　神奈川県○○市○○
(3) ケアステーション○○（居宅サービス事業・介護予防サービス事業・地域密着型サービス事業）
　　　神奈川県○○市○○

<u>次年度（平成○年○月○日～平成○年○月○日）</u>
　増大する患者に対応できる人材育成に注力すべく、連携先職員も交えた合同研修会を企画実施し、顔の見える地域連携体制を構築するとともに、紹介患者・利用者を安定的に確保することで単年度黒字を達成する。

《在宅1 居宅系》

予算明細書

初年度

	1日平均	1か月平均	1年（3か月）
在宅医療患者数	20人	520人	1,560人
外来患者数	1人	30人	90人

科目	金額（千円）	内容説明
医業収入	37,160	
在宅医療収入	36,660	
自費収入	0	平均　　円×年間　　人
社会保険等収入	36,660	平均 23,500円×年間 1,560人
外来収入	450	
自費収入	0	平均　　円×年間　　人
社会保険等収入	450	平均 5,000円×年間 90人
文書料	50	診断書発行 5,000円×年間 10件等
その他	0	
医業外収入	0	
受取利息	0	預金の利息
その他	0	
借入金	0	
拠出金等	17,500	
前年度繰越金	—	預金、医業未収金の合計
計	54,660	

《在宅2施設系》

予算明細書

初年度

	1日平均	1か月平均	1年（5か月）
在宅医療患者数	20人	240人	1,200人
外来患者数	1人	12人	60人

科目	金額(千円)	内容説明
医業収入	17,153	
在宅医療収入	16,800	
自費収入	0	平均　　円×年間　　人
社会保険等収入	16,800	平均 14,000円×年間 1,200人
外来収入	300	
自費収入	0	平均　　円×年間　　人
社会保険等収入	300	平均 5,000円×年間 60人
文書料	53	診断書発行 3,500円×年間 15件等
その他	0	
医業外収入	0	
受取利息	0	預金の利息
その他	0	
借入金	0	
拠出金等	9,000	
前年度繰越金	―	預金、医業未収金の合計
計	26,153	

② 自由診療のみの診療所複数か所（うち2か所は申請をした年に個人開設）をまとめて1つの法人にしたケースでの事業計画、予算書例

設立後2年間の事業計画

<u>初年度（平成○年○月○日～平成○年○月○日：12か月）</u>
　初年度において、法人化により開設する5か所の診療所については、建物の増改築、新たな医療機器の購入や病床の取得は計画していない。
　資金計画についても各診療所とも現状借り入れなく運営できており、また自由診療のみの診療を行うため、法人化にあたっても運転資金に問題はないと思われるが、設立から2か月分の必要経費の支払いに充てるための運転資金は設立代表者である○○の拠出により手当を諮る。現在までの運営実績より、設立初年度から法人全体のみならず全ての診療所ごとの収支予算においても、黒字となる計画である。
　法人設立後、全体としての収支状況をみながらの判断とはなるが、可能であれば初年度後半にも○○地区以外に新たな診療所を開設する計画である。

<u>次年度（平成○年○月○日～平成○年○月○日）</u>
　次年度においても、法人化により開設する5か所の診療所については、建物の増改築、新たな医療機器の購入や病床の取得は計画していない。
　資金計画についても新たな借り入れを行う必要なく資金繰りができ、次年度も法人全体のみならず全ての診療所ごとの収支予算においても黒字となる計画である。
　次年度においては、新たな診療所を2～4か所程度開設し全国展開を進めていく計画である。

初年度 患者数・患者単価収入予算書

入院・外来収入内訳
(Aクリニック、平成○年○月○日～平成○年○月○日・11か月)

患者数（人）		1日平均	1月平均	年間A	平均単価 B(円)	年間収入 A*B(千円)
入院	自費収入	0	0	0	0	0
	社会保険等収入	0	0	0	0	0
	室料差額収入	0	0	0	0	0
外来	自費収入	7.8	237	2,607	234,377	611,021
	社会保険等収入	0	0	0	0	0

入院・外来収入内訳
(Bクリニック、平成○年○月○日～平成○年○月○日・11か月)

患者数（人）		1日平均	1月平均	年間A	平均単価 B(円)	年間収入 A*B(千円)
入院	自費収入	0	0	0	0	0
	社会保険等収入	0	0	0	0	0
	室料差額収入	0	0	0	0	0
外来	自費収入	4.8	146	1,606	218,488	350,892
	社会保険等収入	0	0	0	0	0

入院・外来収入内訳
(Cクリニック、平成○年○月○日～平成○年○月○日・11か月)

患者数（人）		1日平均	1月平均	年間A	平均単価 B(円)	年間収入 A*B(千円)
入院	自費収入	0	0	0	0	0
	社会保険等収入	0	0	0	0	0
	室料差額収入	0	0	0	0	0
外来	自費収入	2.3	71	781	141,518	110,526
	社会保険等収入	0	0	0	0	0

入院・外来収入内訳
（Dクリニック、平成〇年〇月〇日～平成〇年〇月〇日・11か月）

患者数（人）		1日平均	1月平均	年間A	平均単価 B(円)	年間収入 A・B(千円)
入院	自費収入	0	0	0	0	0
	社会保険等収入	0	0	0	0	0
	室料差額収入	0	0	0	0	0
外来	自費収入	1.6	48	528	193,149	101,983
	社会保険等収入	0	0	0	0	0

入院・外来収入内訳
（Eクリニック、平成〇年〇月〇日～平成〇年〇月〇日・11か月）

患者数（人）		1日平均	1月平均	年間A	平均単価 B(円)	年間収入 A・B(千円)
入院	自費収入	0	0	0	0	0
	社会保険等収入	0	0	0	0	0
	室料差額収入	0	0	0	0	0
外来	自費収入	2.5	76	836	237,863	198,853
	社会保険等収入	0	0	0	0	0

（注）1　入院患者数（1年）＝入院患者数（1日平均）×365（366）日

初年度　収入予算書　　　　　　　　　　　　　　　　　　（単位：千円）

平成○年度 科　　目	A	B	C	D	E	計
医業収入	611,021	350,892	110,526	101,983	198,853	1,373,275
入院収入	0	0	0	0	0	0
自費収入	0	0	0	0	0	0
社会保険等収入	0	0	0	0	0	0
室料差額収入	0	0	0	0	0	0
外来収入	611,021	350,892	110,526	101,983	198,853	1,373,275
自費収入	611,021	350,892	110,526	101,983	198,853	1,373,275
社会保険等収入	0	0	0	0	0	0
その他	0	0	0	0	0	0
医業外収入	0	0	0	0	0	0
受取利息	0	0	0	0	0	0
その他	0	0	0	0	0	0
借入金	0	0	0	0	0	0
内部資金移動	0	0	0	0	0	0
拠出金	50,000	0	0	0	0	50,000
計	611,021	350,892	110,526	101,983	198,853	1,423,275

初年度支出予算書

初年度
(支出予算書) （単位：千円）

平成○年度 科　目	A	B	C	D	E	計
医業費用	615,158	333,231	94,791	99,254	147,102	1,289,536
給与費	36,570	71,771	28,463	39,376	28,194	204,374
職員給与	36,090	70,280	27,750	38,450	27,500	200,070
退職金	330	110	105	92	101	738
福利厚生費	39	932	464	669	383	2,487
法定福利費	111	449	144	165	210	1,079
材料費	17,529	30,687	4,276	18,581	10,679	81,752
医薬品費	17,529	30,687	4,276	18,581	10,679	81,752
給食材料費	0	0	0	0	0	0
診療材料費	0	0	0	0	0	0
医療消耗備品費	0	0	0	0	0	0
経費	505,559	230,773	62,052	41,297	108,229	947,910
運賃	884	159	38	46	46	1,173
光熱水費	624	1,291	1,125	633	704	4,377
旅費交通費	1,086	5,163	1,238	1,781	208	9,476
通信費	832	1,814	192	242	273	3,353
広告宣伝費	183,333	183,333	36,667	27,500	91,667	522,500
交際費	131	550	550	550	550	2,331
保険料	83	114	114	114	114	539
消耗品費	5,953	4,047	1,691	628	873	13,192
事務用品費	554	340	173	107	2,598	3,772
外注費	292,404	3,839	534	80	842	297,699
地代家賃	6,534	23,205	14,826	7,128	6,534	58,227
支払手数料	5,726	5,523	4,011	1,382	2,452	19,094
会議費	55	55	55	55	55	275
新聞図書費	45	26	106	21	51	249
販売促進費	0	218	21	0	0	239

諸会費	9	119	53	28	28	237
雑費	1,003	944	621	965	687	4,220
租　税　公　課	6,303	33	37	37	547	6,957
そ　の　他	0	0	0	0	0	0
本　部　費　等	0	0	0	0	0	0
役　員　報　酬	55,500	0	0	0	0	55,500
医業外費用	0	0	0	0	0	0
支　払　利　息	0	0	0	0	0	0
そ　の　他	0	0	0	0	0	0
施設整備費	0	0	0	0	0	0
施設整備費	0	0	0	0	0	0
医療機器購入費	0	0	0	0	0	0
敷　　　金	0	0	0	0	0	0
借入元金返済	0	0	0	0	0	0
内部資金移動	0	0	0	0	0	0
法　人　税　等	11,682	4,504	4,013	696	13,196	34,091
翌年度繰越金	-15,819	13,157	11,722	2,033	38,555	49,648
計	611,021	350,892	110,526	101,983	198,853	1,423,275

平成○年1月1日〜8月31日（※）までの月別・クリニック別来院患者数

平成○年度	A	B	C	D	E
1月	243	129		33	91
2月	202	101		46	75
3月	216	129		45	90
4月	207	127	49	44	71
5月	254	171	100	51	41
6月	242	157	66	55	66
7月	260	180	58	70	78
8月	274	181	82	46	96
クリニック別合計	1,898	1,175	355	390	608
一月平均患者	237.25	146.875	71	48.75	76

※設立認可申請をした年の申請月までの実績

③ 内部造作・医療機器を分割払いする事業計画書例

設立後2年間の事業計画

初年度（平成○年○月○日～平成○年○月○日）
　現在の経営状態を維持しつつ、医療法人としての内部体制の合理化及び強化を図るとともに診療収入の増加を目指し、診療内容の充実に努力する。

・○○より診療所建物の内部造作や医療機器等を合計22,682千円で購入する。代金の支払いは5年間の割賦払いとし、初年度には内部造作で1,639千円、医療機器で2,896千円を支払う。

内部造作の購入金額　8,198千円
　　内訳　診療所内装工事一式　　　　　8,198,673円

医療機器の購入代金　14,484千円
　　内訳　CT診断装置　　　　　　　　10,757,717円
　　　　　残留塩素補正消毒装置　　　　 1,548,186円
　　　　　超音波マイクロモーター　　　 1,200,990円
　　　　　ユニット・生体情報モニター他　 977,625円

初年度の割賦払いの金額
内部造作　1,639千円
　　割賦払い予定表　平成○年度　1,639,734円
　　　　　　　　　　平成○年度　1,639,734円

　　　　　　　　　平成〇年度　　1,639,734 円
　　　　　　　　　平成〇年度　　1,639,734 円
　　　　　　　　　平成〇年度　　1,639,737 円
医療機器　2,896 千円
　割賦払い予定表　平成〇年度　2,896,903 円
　　　　　　　　　平成〇年度　2,896,903 円
　　　　　　　　　平成〇年度　2,896,903 円
　　　　　　　　　平成〇年度　2,896,903 円
　　　　　　　　　平成〇年度　2,896,906 円

・インプラント等の治療技術の維持・向上の為に定期的に実地指導セミナー等に参加する。

次年度（平成〇年〇月〇日～平成〇年〇月〇日）
　初年度に引き続き、内部体制の合理化及び強化に努め、収益の増加を図りつつ、地域住民に対する医療の充実向上に努力する。

・初年度に〇〇より購入した内部造作と医療機器の割賦払いとして、内部造作で1,639千円、医療機器で2,896千円を支払う。
・初年度に引き続き定期的な実施指導セミナー等に参加し、治療技術の維持・向上を図る。

設立後2年間の予算書

(収入予算額総括表) (単位：千円)

科目	初年度 （12か月）	次年度	対医業収入比（％）	
			初年度	次年度
医業収入	(117,600)	(120,000)	100.0%	100.0%
外来収入（自費）	81,600	81,600	69.4%	68.0%
外来収入（保険）	36,000	38,400	30.6%	32.0%
その他			0.0%	0.0%
医業外収入	301	301	0.3%	0.3%
借入金				
拠出金等	2,762		2.3%	0.0%
前年度繰越金		10,728		8.9%
計	120,663	131,029		

(支出予算額総括表) (単位：千円)

科目	初年度 （12か月）	次年度	対医業収入比（％）	
			初年度	次年度
医業費用	101,400	100,976	86.2%	84.1%
医業外費用				
施設整備費	(4,535)	(4,535)	3.9%	3.8%
施設整備費	1,639	1,639	1.4%	1.4%
医療機器購入費	2,896	2,896	2.5%	2.4%
借入金（元本）返済				
法人税等	4,000	4,200	3.4%	3.5%
翌年度繰越金	10,728	21,318	9.1%	17.8%
計	120,663	131,029		

(運転資金)　　　　　　　　　　　　　　　　　（単位：千円）

必要額	準備額	内訳	拠出金等	2,762
17,655	17,862		窓口収入	15,100

※必要額（医業費用 101,400 千円＋施設整備費 4,535 千円）× 2/12

※窓口収入（自費収入 81,600 千円＋社会保険等収入 36,000 千円× 25％）× 2/12

予算明細書

初年度

	1日平均	1か月平均	1年
外来患者数（保険）	30人	600人	7,200人
外来患者数（自費）	5人	100人	1,200人

（収入）

科目	金額（千円）	内容説明
医業収入	〔117,600〕	
外来収入	(117,600)	
自費収入	81,600	平均68,000円×年間1,200人
社会保険等収入	36,000	平均5,000円×年間7,200人
文書料		
その他		
医業外収入	〔301〕	
受取利息	1	預貯金の利息
その他	300	文書料
借入金		
拠出金	〔2,762〕	医業未収金
前年度繰越金		
計	120,663	

（支出）

科目	金額（千円）	内容説明
医業費用	〔101,400〕	
給与費	(41,635)	
職員給与	27,440	給与内訳書の職員給与のとおり
法定福利費	2,195	
役員報酬	12,000	給与内訳書の役員報酬のとおり
材料費	(16,228)	
医薬品費	705	外来収入×0.6％

	診療材料費	15,523	外来収入×13.2%
	医療消耗備品		
経費		(19,647)	
	福利厚生費	147	福利厚生負担額などの法定外福利費
	旅費交通費	3,527	業務のための出張旅費、通勤手当等
	通信費	2,277	電話料、郵便料金等
	消耗品費	1,858	事務用品費等
	水光熱費	1,151	電気料、ガス料、水道料等
	修繕費	247	有形固定資産の修繕料
	賃借料	4,304	診療所建物 257,800円×12か月
			患者・来客用駐車場 36,000円×12か月
			モバイルレーザーリース料 53,445円×12か月
			医療照明リース料 11,445円×12か月
	保険料	199	火災保険料等
	交際費	2,366	接待費及び慶弔など交際に要する費用
	租税公課	225	固定資産税等
	その他	3,346	広告宣伝費、諸会費、管理諸費等
	委託費	23,166	技工料、清掃、医療機器保守等の委託費
	その他	724	実地指導セミナー等研修会への参加費
医業外費用			
	支払利息		
	その他		
特別損失			
施設整備費		〔4,535〕	
	施設整備費	1,639	内部造作の平成○年度割賦払い分
	医療機器購入費	2,896	医療機器の平成○年度割賦払い分
	その他		
借入金元本返済			
法人税等		〔4,000〕	
翌年度繰越金		〔10,728〕	
計		120,663	

4-2 収入・支出予算明細書の作り方

予算書のベースとなるのが、収入・支出予算明細書です。

基本的な考え方として、現金の流れ(キャッシュフロー)を表すものなので、減価償却費や引当金などの現金の支出を伴わない費用は計上することができません。また、キャッシュフローなので、当然、消費税込みの数字になります。

〔1〕収入予算明細書作成のポイント

個人開設で診療所を運営してきた実績がある場合、平均患者数、平均診療単価は、実績をベースに計算します。実績がない場合、あるいは実績と異なる場合は、根拠となる書類を添付します。

患者数は「1日平均(人)×1か月の診療日数×12か月」で計算しますが、その際、「1か月の診療日数」は「開設しようとする診療所の概要」の診療日と必ず一致することになります。

また診療単価について、以前、他の税理士が作成した東京都への医療法人設立認可申請書の予算書で、自由診療の処置ごとの明細まで記載されているものを見たことがありますが、通常は1件あたりの平均単価で十分です。特別な事情があって自治体職員から求められる場合以外は、処置ごとの明細を自主的につける必要はありません。

> 医業外収入について、「物販（歯ブラシ等）」と書くとダメという自治体もいまだにあるので注意が必要です。
> ちなみに、院内での物販は来院患者を対象に、療養の向上を目的として附随的に行う範囲であれば問題ありません。

〔2〕支出予算明細書作成のポイント

　支出予算明細書を作成する際は、次のような点に注意してください。

　まず、費用は確定申告書の経費の平均値を算出し、初年度の月数を乗じて計算します。

　また、職員給与の金額は、職員給与内訳書の合計と一致させます。

　理事長が病院又は診療所の管理者を兼務する場合の給与の計上の仕方は自治体によって異なるので、注意が必要です。例えば、東京都の「医療法人設立の手引」には、「管理者医師等の給与を支出予算書に『役員報酬』として計上する場合は、この内訳書の欄外にその旨を記載し、当該医師等についてはこの内訳書から除外してください」と書かれています。

　なお、理事長、管理者医師の報酬については、希望額ではなく、最低ラインで設定し、利益が出たら増額するというスタンスで決定すると予算明細書をスムーズに作成することができます。

　法定福利費は必ず計上しなければなりません。ただし、予算明細書を作成するにあたっては厳密に計算する必要はなく、人件費の10%～12%程度で計上すればよいでしょう。

そのほか、家賃、駐車場、リース料は契約書と一致させます。契約書に記載のない管理費や共益費などは「その他の費用」に計上してください。あくまでも契約書をベースに作成し、契約書の数値に月数を乗じたものにぴったり合わせてください。

また、駐車場の賃料は、患者用、職員用のみ記載します。理事長用駐車場の賃料を医療法人として負担することは認められません。

役立つ実務ネタ

　理事長個人が所有する医療機器等を医療法人が買い取る場合、売買代金の分割払いは可能です。また、買い取りではなく、法人が理事長から賃借することも考えられますが、この場合、「医薬品、医療機器等の品質、有効性及び安全性の確保等に関する法律」（以下、「薬機法」という）との関係があるため、事前に自治体に相談することをお勧めします。

　薬機法では業として賃貸を行う場合は、高度管理医療機器については賃貸業の許可が、管理医療機器については賃貸業の届出が必要となっているからです。

さらに、法人税等は実際の納税は翌年度になりますが、税金相当額は発生主義で発生年度に計上します。その際、税引き前利益の20％～30％が目安です。

なお、課税対象となるのは収支計算書の剰余金ではありません。前述したように、収支予算書はキャッシュフローを表すものなので収支計算書の剰余金は利益ではないからです。法人税等は利益に対して課されるので、減価償却費などを考慮した利益に対する法人税等を記載してください。ちなみに減価償却費などを考慮した利益は、収支計算書のどこにも記載する欄はありません。

> （例）　税引き前利益 534 万円の法人税等は 102 万円（19.1％）
> 　　　　税引き前利益 727 万円の法人税等は 150 万円（20.6％）
> 　　　　税引き前利益 4,024 万円の法人税等は 1,075 万円（26.7％）
> 　　　　税引き前利益 7,954 万円の法人税等は 2,370 万円（29.8％）
> 　　※いずれも平成 26 年 10 月 1 日以降開始事業年度の医療法人

 役立つ実務ネタ

　過去に、静岡県で医療法人設立認可申請を行った際、「収支予算明細書に減価償却費も入れてください」と言われたことがあります。前述したとおり、収支予算明細書はあくまでもキャッシュフローを表すものなので、現金の出入を伴わない減価償却費を計上すべきではありません。明らかに間違った指導だったので何度も確認しましたが、「静岡県ではこうしています」の一点張りでしたので、そのときは言われたとおりに修正しました。
　この事例のように、明らかに間違っていても認めない自治体職員も多いので気をつけてください。

〔3〕確定申告書を添付する場合

　前述したとおり、自治体によっては確定申告書の写しを提出することで事業計画や予算書の提出が不要になることがあります。

　確定申告書を添付する場合は、税務署の収受印が押されているか、又は電子申告の場合は受付結果（受信通知）が添付されているかを確認してください。

　また、当然ながら確定申告の申告者自身が開設者であることも確認されます。

4-3 具体的なチェックポイント

事業計画書・予算書ができあがったら、他の書類との整合性が取れているか確認しましょう。具体的にチェックすべきポイントをまとめましたので、各所数字の整合性が取れているか、確認してください。

各書類で記号を振っている箇所（❶～⓲、**(イ)**、**(ロ)**）の数字、内容が一致しているかをチェックします。

設立趣意書

1　開設からの発展経過

2　法人の設立意図

3　事業内容
　　従業者数　　医師(常勤)　❶1人、　医師(非常勤)　❷7人
　　　　　　　　看護師(常勤)❸5人、　看護師(非常勤)❹1人
　　　　　　　　事務員(常勤)❺1人、　事務員(非常勤)❻1人
　　診察科目
　　診療日

4　事業計画

（イ）　初年度（平成○年11月1日〜平成○年9月30日）
　　　法人としての形態を整備するとともに、研修の充実、医療内容の充実を図り、さらには医師2〜3名を増員し、診療体制の安定化、診療収入の増大に努める。

（ロ）　次年度（平成○年10月1日〜平成○年9月30日）
　　　常勤看護師1名を増員し、外来患者数の拡大を目指す。

5　当診療所において平成○年○月○日開催の設立総会において次の事項を確認して医療法人設立に賛同する。
　① 医療法人設立趣旨承認
　② 社員確認
　③ 定款承認
　④ 拠出申込み及び設立時の財産目録承認
　⑤ 初年度及び次年度の事業計画並びにこれに伴う予算案承認
　⑥ 役員及び管理者選任
　⑦ 設立代表者選任
　⑧ 本法人の開設する診療所の建物を賃借する契約の承認

平成○年○月○日　　　　　　　　　　　　設立代表者○○○○

開設しようとする診療所の概要

名称	
所在地	電話
所管保健所名	
診療科目	
病床数	病床　0床

管理者	氏　名	（　年　月　日　生）
	医　籍	第　　号 （　年　月　日　登録）

職員	職　種	現　員	
		常勤	非常勤
	医師	❶ 1人	❷ 7人
	看護師	❸ 5人	❹ 1人
	事務員	❺ 1人	❻ 1人
	合計	❼ 7人	❽ 9人

診療日	月曜日、日曜日及び祝日を除く毎日
診療時間	
非常勤医師の勤務状況	

設立後2年間の事業計画

(イ)
初年度（平成○年11月1日～平成○年9月30日：11か月）
　法人設立後、初年度は法人としての形態を整備するとともに、研修の充実、医療内容の充実を図り、診療体制の安定化、診療収入の増大に努める。

(ロ)
次年度（平成○年10月1日～平成○年9月30日）
　初年度に引き続き、医療内容の向上に注力するとともに、外来患者数の拡大を目指す。

　1　常勤看護師1名を増員（3,300,000円）❾

上記の資金は、自己資金で賄う。

設立後2年間の予算書

(収入予算額総括表)　　　　　　　　　　　　　　　　(単位：千円)

科目	初年度 (11か月)	次年度	対医業収入費(%)　初年度	次年度
医業収入	〈96,745〉	〈122,430〉	100.0	100.0
外来収入	94,425	118,630	97.6	96.9
その他	2,320	3,800	2.4	3.1
医業外収入	0	0	0.0	0.0
借入金	0	0	0.0	0.0
拠出金	⑭ 15,917	0	16.5	0.0
前年度繰越金	――	⑯ 15,837		12.9
計	⑮ 112,662	⑰ 138,267		

(支出予算総額総括表)　　　　　　　　　　　　　　　(単位：千円)

科目	初年度 (11か月)	次年度	対医業収入費(%)　初年度	次年度
医業費用	(A) 93,519	108,664	96.7	88.8
医業外費用	(B) 382	354	0.4	0.3
施設整備費	0	0	0.0	0.0
借入金(元金)返済	(C) 2,071	2,259	2.1	1.8
法人税等	853	4,023	0.9	3.3
翌年度繰越金	⑯ 15,837	⑱ 22,967	16.4	18.8
計	⑮ 112,662	⑰ 138,267		

(運転資金)　　　　　　　　　　　　　　　　　　　　(単位：千円)

必要額	準備額	内訳	拠出金等	❹ 15,917
17,449	20,660		窓口収入	4,743

　　↓　　　↓　　預金＋未収金＋窓口収入の2か月分
　　　　　初年度支出(医業費用＋医業外費用＋借入金返済)の2か月分
　　　　　　　　((A)＋(B)＋(C))×2／11

予算明細書

初年度

	1日平均	1か月平均	11か月
外来患者数	26人	547人	6017人

(初年度収入)

科　目	金額(千円)	内容説明
医業収入	(96,745)	
外来収入	94,425	
自費収入	10,425	平均25,000円×11か月 417人
社会保険等収入	84,000	平均15,000円×11か月 5,600人
文書料	120	診断書発行2,000円×11か月 60件等
その他	2,200	集団検診料・受託業務等200,000／月×11か月
医業外収入	(0)	
借入金	0	
拠出金等	15,917	預金と医業未収金の合計　❹→＜財産目録＞
前年度繰越金	────	
計	❺ 112,662	

（初年度支出）

科　　目	金額（千円）	内容説明
医業費用 **(A)**	(93,519)	
給与費	(54,153)	
職員給与	47,585	給与内訳書の職員給与のとおり❿
退職給与引当金		
法定福利費	4,368	
役員報酬	2,200	給与内訳書の役員報酬のとおり⓫
材料費	(19,000)	
医薬品費	17,000	
医療消耗備品費	2,000	
経費	(18,516)	
福利厚生費	128	従業員のための法定外福利費
旅費交通費	1,318	業務のための交通費・出張旅費
職員被服費	0	制服代など
通信費	258	電話料金、郵便料金など
消耗品費	1,000	事務用消耗品費など
会議費	183	諸会議費など
光熱水費	940	電気料金、ガス料金、水道料など
賃借料	13,024	家賃、共益費など（¥1,184,000 × 11か月）
リース料	919	（¥83,580 × 11か月）
保険料	110	火災保険料など
交際費	110	接待費及び慶弔交際費
租税公課	0	固定資産税など
その他	526	広告宣伝費など
委託費	(1,300)	検査費、清掃費、保守管理費など
その他	(550)	研究研修費など
医業外費用 **(B)**	(382)	
支払利息	382	
その他	0	
施設整備費	0	

施設整備費		0	
医療機器購入費		0	
借入元金返済 **(C)**		(2,071)	借入金利息返済
法人税等		(853)	
翌年度繰越金	⑯	15,837	
計	⑮	112,662	

給与費内訳書（初年度）

職員給与　　　　　　　　　　　　　　　　　　　　　　　　（単位：千円）

職種	常勤（人） 非常勤（人） 計（人）		1人当り 月額給与	月額 給与計	11か月 給与計	年間賞与	11か月計
医師	❶	1人	1,000	1,000	11,000	1,000	12,000
	❷	7人	150	1,050	11,550	2,100	13,650
	計	8人		2,050	22,550	3,100	25,650
看護師	❸	5人	250	1,250	13,750	1,500	15,250
	❹	1人	210	210	2,310	400	2,710
	計	6人		1,460	16,060	1,900	17,960
事務員	❺	1人	250	250	2,750	300	3,050
	❻	1人	75	75	825	100	925
	計	2人		325	3,575	400	3,975
合計	❼	7人		2,500	27,500	2,800	30,300
	❽	9人		1,335	14,685	2,600	17,285
	計	16人		3,835	42,185	5,400	❿ 47,585

役員報酬

役職名	氏名	常勤・非常勤の別	11か月報酬額
理事長		常勤	円
理事		常勤	円
理事		非常勤	円
理事		非常勤	円
監事		非常勤	円
合計			⓫ 2,200,000 円

予算明細書

次年度

	1日平均	1か月平均	1年
外来患者数	30 人	630 人	7,560 人

(次年度収入)

科目	金額(千円)	内容説明
医業収入	(122,430)	
外来収入	118,630	
自費収入	13,075	平均 25,000 円×年間 523 人
社会保険等収入	105,555	平均 15,000 円×年間 7,037 人
文書料	200	診断書発行 2,000 円×年間 100 件等
その他	3,600	集団検診料・受託業務等 300,000/月×年間
医業外収入	(0)	
借入金	(0)	
拠出金等	0	
前年度繰越金	❶❻ 15,837	
計	❶❼ 138,267	

(次年度収入)

科目	金額(千円)	内容説明
医業費用	(108,664)	
給与費	(65,122)	
職員給与	55,220	給与内訳書の職員給与のとおり ❶❷
退職給与引当金		
法定福利費	5,102	
役員報酬	4,800	給与内訳書の役員報酬のとおり ❶❸
材料費	(21,459)	
医薬品費	19,314	

	医療消耗備品費	2,145	
経費		(20,083)	
	福利厚生費	130	従業員のための法定外福利費
	旅費交通費	1,400	業務のための交通費・出張旅費
	職員被服費	0	制服代など
	通信費	280	電話料金、郵便料金など
	消耗品費	900	事務用消耗品費など
	会議費	200	諸会議費など
	光熱水費	1,030	電気料金、ガス料金、水道料など
	賃借料	14,300	家賃、共益費など
	リース料	1,003	（¥83,580 × 12か月）
	保険料	120	火災保険料など
	交際費	120	接待費及び慶弔交際費
	租税公課	0	固定資産税など
	その他	600	広告宣伝費など
委託費		(1,400)	検査費、清掃費、保守管理費など
その他		(600)	研究研修費など
医業外費用		(354)	
	支払利息	354	借入金利息返済
	その他	0	
施設整備費		0	
	施設整備費	0	
	医療機器購入費	0	
借入元金返済		2,259	借入金元金返済
法人税等		4,023	
翌年度繰越金		⓲ 22,967	
計		⓱ 138,267	

給与費内訳書（次年度）

職員給与　　　　　　　　　　　　　　　　　　　　　　（単位：千円）

職種	常勤（人） 非常勤（人） 計（人）	1人当り 月額給与	月額 給与計	12か月 給与計	年間 賞与	12か月計
医師	❶　1人	1,000	1,000	12,000	1,500	13,500
	❷　7人	150	1,050	12,600	2,100	14,700
	計　8人		2,050	24,600	3,600	28,200
看護師	❸＋❾6人	250	1,500	18,000	1,800	19,800
	❹　1人	210	210	2,520	400	2,920
	計　7人		1,710	20,520	2,200	22,720
事務員	❺　1人	250	250	3,000	300	3,300
	❻　1人	75	75	900	100	1,000
	計　2人		325	3,900	400	4,300
合計	❼＋❾8人		2,750	33,000	3,600	36,600
	❽　9人		1,335	16,020	2,600	18,620
	計　17人		4,085	49,020	6,200	⓬　55,220

役員報酬

役職名	氏名	常勤・非常勤の別	12か月報酬額
理事長		常勤	円
理事		常勤	円
理事		非常勤	円
理事		非常勤	円
監事		非常勤	円
合計			⓭　4,800,000 円

第5章

基金・財産・負債の
ポイント

5-1 基金の金額設定の仕方

〔1〕そもそも基金制度は必要か？

　基金制度を採用するかどうかは任意です。しかし、特段の事情がない限り、定款に基金制度について定めることをお勧めします。

　なぜなら、基金制度を採用しなければ、医療法人設立時に拠出したお金が一切返ってこないからです。実際、各自治体の定款例にも基金の章が設けられており、実務上は基金を採用することがスタンダードになっています。

　その際、拠出額はできる限り少額に設定することをお勧めします。拠出金が多くなると返還期限まで"塩漬け"になる額が増えるのみで、メリットはないからです。

　ただ、以前に比べると拠出額が大きくなることのデメリットは少なくなっています。以前の持分の定めのある医療法人の場合、資本金が1千万円を超えると消費税の課税事業者に該当したので、「不利になるから1千万円を超えないように」とアドバイスしていました。

　その名残で、持分の定めのない医療法人における基金も1千万円未満を目安にされることが多いのですが、基金は税法上、資本金には該当しません。そのため基金が増えても、返還期限を短めに設定すれば大きな問題とはなりませんが、それでも返還までの数年間は拠出した個人（多くは理事長）の資金繰りが著しく悪化します。

　以上の理由から、いずれにしても基金の額はできる限り少額にす

ることをお勧めします。

〔2〕基金総額の定め方

　前述のように基金はできる限り少額にしたいところですが、そのためには、例えば医療機器、診療所建物・内装等などの財産は拠出して借り入れを引き継ぐのではなく、買い取りや賃貸にする方法も有効です。またその際、支払いの分割や猶予等によって当初の運転資金を小さくすることも可能です。

　ただし、医療機器の賃貸は契約が複数にわたる場合、反復継続性ありと解される可能性があるので、その際は薬機法の許可が必要となることに注意してください。

〔3〕貸借対照表上の処理

　通常の個人事業が法人化した時、個人開業時代の資産と負債を引き継がない場合を除き、一般的には次のような処理をします。

個人開業時代の貸借対照表

資　　産	負　　債
売掛金　　1,000 器具備品　　500	買掛金　　　400 借入金　　1,000
	資　　本
	元入金　　　100

資本金 10 で会社を設立

会社設立当初の貸借対照表

資　　産	負　　債
売掛金　　1,000 器具備品　　500	買掛金　　　400 未払金　　　 90 借入金　　1,000
	資　　本
	資本金　　　 10

　資産「1,500（売掛金1,000と器具備品500）」と負債「1,400（買掛金400と借入金1,000）」を個人開業時代の簿価のまま、法人に引き継ぐケースは結構あります。
　このケースでは資本金は「10」なので、「資産1,500－負債1,400－資本金10＝90」を個人開業していた者（一般的には社長）に対する未払金として計上することで貸借を合わせます。
　上記のように株式会社であれば少ない資本金で法人化が可能ですが、医療法人の場合は設立当初の拠出額（基金）は多くなる傾向が見られます。
　例えば次のような個人開業クリニックがあったとします。

個人開業クリニックの貸借対照表

資　　産		負　　債	
預金	500	買掛金	800
未収金	1,000	借入金	1,500
医療機器	500	資　　本	
建物保証金	500	元入金	200

　医療法人設立認可申請の時に、医療機器「500」と建物保証金「500」を拠出し、負債の引継ぎは借入金のうち「300」だけが認められ、差額の「700」は基金になったとします。

　このケースでは設立時の財産目録は次のようになります。

科　　　目	金　　額
通常財産	
医療機器	500
建物保証金	500
資　産　合　計	1,000
負　債　合　計	300
純　　資　　産	700

　本来であれば医療法人設立当初の貸借対照表は上記財産目録と同じになるべきですが、多くの場合は次のような貸借対照表になっています。

医療法人設立当初の貸借対照表

資　　産		負　　債	
預金	500	買掛金	800
未収金	1,000	借入金	1,500
医療機器	500	資　　本	
建物保証金	500	基金	700
貸付金	500		

個人開業クリニック時代の資産と負債をそのまま簿価で引き継ぐことが多いからです。借入金は医療法人設立認可申請時に「300」だけ引き継ぐとして申請書を出しているので、借入金「300」だけを引き継ぎ、残りの個人名義の借入金「1,200」を引き継がない場合もありますが、借入金「1,500」を引き継いだものとして処理をする税理士は結構多いです。

　貸借対照表は貸借の金額を一致させる必要があるので、このケースでは「資産2,500－負債2,300－基金700＝△500」となり貸借が一致しません。そこで個人開業していた者（一般的には理事長）に対する貸付金「500」を計上することで貸借を合わせてしまいます。

　「医療法人化したら借りてもいないお金を借りたことになった」と怒っている理事長は多くいますが、そのカラクリをご理解いただけたでしょうか。

　税理士にすれば、個人開業時代の最終の貸借対照表に合わせようとするために、設立時の財産目録に計上されていない資産「1,500（預金500＋未収金1,000）」から同じく財産目録に計上されていない負債「2,000（買掛金800＋引き継ぐことが認められなかった借入金1,200）」を引き継ぐので、差額の「500」は理事長に対する貸付金として処理しただけという感覚だと思われます。

　ちなみに、もし設立時の基金が「200」で済んでいたら、同じような感覚で資産と負債を簿価で引き継いでも医療法人設立当初の貸借対照表は次のようになります。

**医療法人設立当初の貸借対照表
（基金 200 の場合）**

資　　産		負　　債	
預金	500	買掛金	800
未収金	1,000	借入金	1,500
医療機器	500	資　　本	
建物保証金	500	基金	200

　基金の額はできるだけ少なくしたほうが有利だということも、ご理解いただけると思います。

〔4〕募集～引受～割当～基金拠出契約の流れ

　基金の拠出者が理事長以外にいない場合、つまり理事長が全額拠出する場合は、「基金拠出契約書」のみで済むとしている自治体がほとんどです。

　一方、拠出者が複数いる場合は、①医療法人から基金引受申込者に基金の募集事項等を通知する、②基金引受申込者から医療法人に引受申込書を交付する、③医療法人から基金引受申込者に割当決定額を通知する、④基金拠出契約書を交わすという順番で手続きを進めます。

　この場合の書類は、申請する自治体の手引きを参考にしてください。ここでは、一般社団法人日本医療法人協会が作成している書式例を紹介します。基本的に、各自治体の様式もこの書式例に準拠しています。

●書式例「基金の募集事項等の通知について」

平成　年　月　日

（基金の引受けの申込みをしようとする者の氏名）　殿

住　所　（主たる事務所の住所）
医療法人　　　　会
理　事　長　　　　　　　　印
電話番号　　（　　）

基金の募集事項等の通知について

　医療法人　　　　会の基金の募集事項等を、下記のとおり通知させていただきます。お引き受けいただける場合は、基金引受申込書を記入の上、医療法人　　　　会に提出していただくようよろしくお願いいたします。

記

1　募集に係る金銭の総額　　　　　　　　　金　　　　　　　円
2　募集に係る金銭以外の財産の内容及び価額　金　　　　　　　円
　　（別紙一覧表としてもよい）　　　　　　土　地　　　　　㎡
　　　　　　　　　　　　　　　　　　　　　建　物　延　　　㎡
　　　　　　　　　　　　　　　　　　　　　医療機器
　　　　　　　　　　　　　　　　　　　　　医薬品
　　　　　　　　　　　　　　　　　　　　　　…
　　　　　　　　　　　　　　　　　　　　　　…
3　金銭の払込み又は財産の給付の期日　　平成　年　月　日
　　（期間を定めてもよい）
4　金銭の払込みの取扱いの場所　　　　　　銀行　　支店
5　その他
　①　定款（医療法人の成立前にあっては、設立認可申請中の定款）を添付します。
　②　不動産その他の金銭以外の財産の価額を調査するため、不動産鑑定書その他財産の評価額及び当該財産に係る負債額を証明する書類（負債残高証明、請求書、金銭消費契約書の写し等）を提出していただきますのでご了承ください。

（注）医療法人の成立前にあっては、住所及び電話番号は設立代表者個人の住所及び電話番号である。

●書式例「基金引受申込書」

平成　年　月　日

医療法人　　　　会
理　事　長　　　　　　　殿（医療法人の成立前にあっては設立代表者）

（基金の引受けの申込みをしようとする者）
住　　所
氏　　名　　　　　　　　　印
電話番号　　（　　　）

基　金　引　受　申　込　書

　医療法人　　　　会の定款及び募集事項等の記載事項を承認の上、下記のとおり基金を引き受けたく申し込み致します。

記

1　引き受けようとする金銭の額
2　引き受けようとする金銭以外の財産の内容及びその価額

（内　訳）

種　別	金　額	内　容
現　　　金		
土　　　地		
建　　　物		
医　療　機　器		
医　薬　品		
…		
…		
資　産　合　計		
負　　　債		
差　引　額 （基金拠出額）		

●書式例「基金の割り当ての決定について」

平成　年　月　日

（基金の引受けの申込みをした者の氏名）　　殿

　　　　　　　　　　　　　　　住　　所　　（主たる事務所の住所）
　　　　　　　　　　　　　　　医療法人　　　　　会
　　　　　　　　　　　　　　　理　事　長　　　　　　　　　印
　　　　　　　　　　　　　　　電話番号　　　（　　）

　　　　　　　　　　基金の割当ての決定について

　この度は、医療法人　　　　会の基金の引受けにお申し込みいただき、誠にありがとうございます。貴殿に下記に定める基金の額を割り当てることを決定しました。ご了解の上は（医療法人　　　　会設立の上は）、当該基金の拠出に関する契約を締結したいと存じます。

記

　　貴殿に割り当てる基金の額　　　　金　　　　　　円

（内　訳）

種　別	金　額	内　　　容
現　　　金		
土　　　地		
建　　　物		
医　療　機　器		
医　薬　品		
…		
…		
資　産　合　計		
負　　　債		
差　引　額 （基金拠出額）		

（注）医療法人の成立前にあっては、住所及び電話番号は設立代表者個人の住所及び電話番号である。

●書式例「基金拠出契約書」

医療法人　　　　　会基金拠出契約書

医療法人　　　　　会（以下「甲」という。）と　　　　　（以下「乙」という。）とは、乙が行う「医療法人　　　　　会基金」（以下「基金」という。）の拠出に関して、以下のとおり契約を締結する。

第1条　乙は、甲の基金の総額を引き受けることを受諾する。

第2条　乙が拠出する基金の額は、以下のとおりとする。

基　金　の　額　　　金　　　　　　　円

（内　訳）

種　　別	金　　額	内　　容
現　　　　金		
土　　　　地		
建　　　　物		
医　療　機　器		
医　薬　品		
…		
…		
資　産　合　計		
負　　　　債		
差　引　額 （基金拠出額）		

第3条　乙は、平成　年　月　日までに（又は平成　年　月　日から平成　年　月　日までの間に）、前条の金銭（以下「拠出金」という。）を甲の指定銀行口座に振込手数料を差し引かずに振り込まなければならない（又は前条の財産（以下「現物拠出財産」という。）を給付しなければならない）。

第4条　乙は、拠出金の払込み又は現物拠出財産の給付（以下「拠出の履行」という。）に係る債務と甲に対する債権とを相殺することができない。

第5条　乙は、第3条の期日までに（又は第3条の期間内に）、拠出の履行をしないときは、基金の引受けは、その効力を失う。

第6条　甲は、乙が拠出した第2条の基金の額について、この契約の定めるところに従い返還義務（金銭以外の財産については、拠出時の当該財産の価額に相当する金銭の返還

義務）を負う。

第7条　甲は、平成　　年　　月　　日までは拠出された基金を返還しない。

第8条　甲は、第7条の期日が到来した後のある会計年度に係る貸借対照表上の純資産額が次に掲げる金額の合計額を超える場合においては、当該会計年度の次の会計年度の決算の決定に関する定時社員総会の日の前日までの間に限り、当該超過額を返還の総額の限度として基金の返還をすることができる。
1　基金（代替基金を含む。）
2　資本剰余金
3　資産につき時価を基準として評価を行ったことにより増加した貸借対照表上の純資産額

第9条　第8条の規定に違反して甲が基金の返還を行った場合には、乙及び当該返還に関する職務を行った業務執行者は、甲に対し、連帯して、返還された額を弁済する責任を負うものとする。

第10条　第8条の規定に違反して基金の返還がされた場合においては、乙は、当該返還を受けた者に対し、当該返還の額を甲に対して返還することを請求することができる。

第11条　甲は、基金の返還に係る債権には、利息を付することができない。

第12条　甲が破産手続開始の決定を受けた場合においては、基金の返還に係る債権は、破産法第99条第2項に規定する約定劣後破産債権となる。

第13条　この契約に関し、疑義が生じた場合、その他この契約に規定しない事項が生じた場合は、その都度甲と乙が協議のうえ決定するものとする。

　　　この契約の締結を証するため、契約書2通を作成し、双方記名押印のうえ、各自1通を所持するものとする。

　　　　平成　　年　　月　　日

　　　　　　　　　　　　　　甲　（主たる事務所の住所）
　　　　　　　　　　　　　　　　　医療法人　　　　会
　　　　　　　　　　　　　　　　　理事長　　　　　　　　　　　印

　　　　　　　　　　　　　　乙　（基金の引受けをした者の住所）
　　　　　　　　　　　　　　　（　　　〃　　　氏名）　　　　印

〔5〕基金の会計上の扱い

会計上、基金は貸借対照表の「純資産の部」に計上することになっています。

●**医療法人の基金について**
（[医政発第 0330051 号平成 19 年 3 月 30 日] より抜粋）

> 第3　貸借対照表の区分表示
> (1) 基金（規則第 30 条の 37 及び第 30 条の 38 並びにこの通知により定める基金をいう。以下同じ。）の総額及び代替基金（第 2 の 13 により計上された金額をいう。）は、貸借対照表の純資産の部に基金及び代替基金の科目をもって計上しなければならないこと。
> (2) 基金の返還に係る債務の額は、貸借対照表の負債の部に計上することができないこと。

基金は純資産の部であればどこに計上しても構わないのですが、厚生労働省が定める医療法人における事業報告書等の様式を見ると、以前は純資産の部の「Ⅰ」にありましたが、現在は次のように「Ⅳ」が基金になっています。

しかし、基金よりも代替基金が上にあるのは違和感があります。また、実務上で問題になるのが、多くの会計ソフトは「Ⅰ」「Ⅱ」「Ⅲ」までは対応しても「Ⅳ」は出ないということです。

通知上は純資産の部に計上するということしか指定されていないので、純資産の部の「Ⅰ」に基金が入っている以前の様式を使っている税理士が多いと思います。

様式3-3　　　　　診療所のみを経営する新法の医療法人

　　　　　　　　　　　　　医療法人番号 □□□

法人名　_____
所在地　_____

貸借対照表（診療所）

（平成　　年　　月　　日現在）

（単位：千円）

資　産　の　部		負　債　の　部	
科　　目	金額	科　　目	金額
Ⅰ　流動資産	×××	Ⅰ　流動負債	×××
Ⅱ　固定資産	×××	Ⅱ　固定負債	×××
1　有形固定資産	×××	（うち医療機関債）	×××
2　無形固定資産	×××	負　債　合　計	×××
3　その他の資産	×××	純資産の部	
（うち保有医療機関債）	×××	科　　目	金額
		Ⅰ　資本剰余金	×××
		Ⅱ　利益剰余金	×××
		1　代替基金	×××
		2　その他利益剰余金	×××
		Ⅲ　評価・換算差額等	×××
		Ⅳ　基　　　金	×××
		純資産合計	×××
資　産　合　計	×××	負債・純資産合計	×××

（注）1. この様式は、「新法の医療法人」が使用します。

以前		
純資産の部		
科　目	金　額	
Ⅰ　基　金	×××	
Ⅱ　積立金	×××	
代替基金	×××	
○○積立金	×××	
繰越利益積立金	×××	
Ⅲ　評価・換算差額等	×××	
その他有価証券評価差額金	×××	
繰延ヘッジ損益	×××	
純資産合計	×××	

現在		
純資産の部		
科　目	金　額	
Ⅰ　資本剰余金	×××	
Ⅱ　利益剰余金	×××	
1　代替基金	×××	
2　その他利益剰余金	×××	
○○積立金	×××	
繰越利益剰余金	×××	
Ⅲ　評価・換算差額等	×××	
その他有価証券評価差額金	×××	
繰延ヘッジ損益	×××	
Ⅳ　基　金	×××	
純資産合計	×××	

5-2 医療法人に引き継ぐ財産

〔1〕基本財産と通常財産

　第2章、第3章でもふれましたが、基金として拠出した財産は「基本財産」又は「通常財産」のいずれかに分類されます。
　土地・建物などの不動産を拠出する場合は基本財産にすることが望ましいとされていますが、すでに述べた通り、基本財産にしてしまうと、処分するには定款変更を要し、手続きが非常に煩雑になります。可能な限り、基本財産への拠出は避け、すべて通常財産に設定することをお勧めします。

〔2〕財産種別ごとの考え方と注意点

① 不動産

　前述の通り、不動産はできる限り基金として拠出しないほうがよいでしょう。拠出ではなく、相場で賃貸するか簿価で売却することをお勧めします。
　万が一、拠出する場合は、評価額は不動産鑑定評価書又は固定資産評価証明書の額になります。簿価ではないので、税務上、注意が必要です。仮に評価額が簿価を下回る場合は損をすることになりますし、逆に評価額が簿価よりも高い場合は、拠出に伴って譲渡所得が生じることになるため拠出者に所得税・個人住民税が課税されます。また、諸条件を記載した契約書類等も必要となります。

なお、担保権が設定されている不動産は権利関係が不安定であるため、拠出することはできません。

② 現預金

現預金を拠出する場合は、原則、預金残高証明書を添付する必要があります。拠出額は、預金残高証明書の範囲内に設定してください。万が一、拠出額に満たない場合は、入金をした上で預金残高証明書を発行してください。

なお、預金残高証明書を発行するには手数料がかかるほか、即日発行してくれるケースもあれば数日かかるケースもあります。ゆうちょ銀行は手数料が安く対応も早いのですが、大手銀行は発行に時間がかかる傾向があります。

残高証明書の日付は、基準日はありませんが、「発行から3か月以内のもの」と指定する自治体が多いです。

③ 医業未収金

医業未収金を拠出する場合は、直近2か月分の診療報酬等の決定通知書の写しを添付します。具体的な月の指定はない場合が多いので、その際は最新のものを提出すれば問題ありません。

④ 医療用器械備品

基準日まで減価償却後の簿価で拠出します。

⑤ 什器・備品、その他の有形固定資産

一括償却資産及び少額減価償却資産であっても、拠出を認める自治体もあります。

また、医療機器や什器・備品の確認の書類としては、固定資産台

帳のほかに、毎年市町村に提出する「償却資産申告書」もあります。償却済で固定資産台帳にないものの存在を説明したい場合は、償却資産申告書が根拠になる場合もあります。

⑥ 電話加入権

　昔の名残で行政の様式には例示として出てくることがありますが、実際は2,000円（国税庁が定める財産評価基本通達）又は時価ゼロ円なので、今時載せる意義はありません。

⑦ 医薬品、診療材料等

　決算時棚卸表をベースにした在庫リストを添付して簿価で拠出するのが一般的です。

　ただし、神奈川県などは必ず拠出するように指導されますが、東京都や静岡県などでは医薬品、診療材料等の拠出は認めていません。

⑧ 建物賃貸借のときの保証金

　建物の賃貸借契約を引き継ぐ際、必ず保証金も引き継ぐことを求める自治体もあります。例えば東京都では、必ず保証金も基金として載せるよう指導されます。なお、金額は契約書に保証金の償却に関する条項がある場合は、償却後の金額になります。

　ただし、保証金の拠出を必須としている自治体以外では必ずしも保証金返還請求権を基金拠出する必要はなく、法人で新たに保証金を差し入れる計画でも構いません。むしろ、基金の拠出額を減らすという意味では、「基金として載せなさい」と指導されない限りは載せる必要はないと思います。

〔3〕現物拠出の価額が相当である旨の税理士等の証明

　現物拠出の価額の総額が500万円を超える場合は、弁護士、弁護士法人、公認会計士、監査法人、税理士、税理士法人による現物拠出財産の価額が相当である証明が必要です。

　なお、証明する税理士・公認会計士等が、設立手続代理人の行政書士（税理士等資格を持った行政書士）と同一人物であっても構いません。

5-3 医療法人に引き継ぐ負債

〔1〕負債引継ぎの意義

　拠出する財産の取得に要した借入金は、設立後の法人で返済するのが基本です。医療法人に引き継ぐことができない借入金は個人がそのまま返済する必要がありますが、すでに個人事業（クリニック）は廃止しているので、個人の主たる収入は給与所得（役員報酬）しかありません。

　したがって、個人が引き続き返済する必要がある借入金返済相当額を役員報酬に上乗せする方法が一般的ですが、個人所得税の課税対象となる役員報酬から個人で返すより、役員報酬とは無関係に法人で返済したほうが個人の税金を無駄に増やさずに済みます。

〔2〕引継ぎ可能な負債の範囲

　引継ぎ可能な負債は、拠出財産の取得そのものに要した資金であり、運転資金は不可能です。

　借入金の全額で取得した財産を拠出する場合は、未返済額の全額を負債として引き継ぐことができます。一方、借入金の一部で取得した財産を拠出する場合は下記のように未返済額を按分した額を引き継ぎます。

> 引継ぎ可能な負債＝未返済額×拠出財産の取得にあてた費用÷
> 　　　　　　　　当初借入金

　ただし、按分をして引き継ぐ場合、金融機関に前もって説明しておかなければトラブルのもとになります。返済の一部を法人から、残部を個人から支払うことになり、経理処理があまりに煩雑になるため、お勧めはできません。

　また、借換えを行った場合も注意が必要です。当初は借入金の全額を拠出財産の取得にあてたものの、その後、借換えを行い、拠出財産と未返済額との間に直接関係がなくなってしまった場合、借換え直前の引継ぎ対象額を求め、借換え額のうち引継ぎ対象額の一括返済に要した借入れを引継ぎ対象とします。

●設立時の負債内訳書例
（借入れに係わるもの）

借入先	借入年月日	借入金額	借入金の使途		返済額	未返済額		1月当返済額	拠出者
			拠出財産	その他		負債引継額	その他		
A銀行 ○○支店	平成○年 ○月○日	50,000,000円	建物附属設備 9,491,773円 造作 11,683,577円 医療用器械備品 3,457,440円 その他の器械装置 603,750円 敷金 3,031,500円	運転資金 21,731,960円	50,000,000円	0円	0円	0円	×××
B銀行 ○○支店	平成○年 ○月○日	36,300,000円	A銀行○○支店 借換資金 36,224,530円	運転資金 75,470円	5,736,000円	15,628,433円	14,935,567円	478,000円	×××
		計 86,300,000円			計 5,736,000円	計 15,628,433円	計 14,935,567円	計 478,000円	

（割賦物件に係わるもの）

売主	物件	規格数量	返済期間	取得価格相当額	既支払額	負債引継額	1月当支払総額	拠出者
株式会社 ○○リース	一般撮影装置	1	○年○月○日 ～ ○年○月○日	2,646,000円	2,184,000円	462,000円	44,100円	×××
				計 2,646,000円	計 2,184,000円	計 462,000円	計 44,100円	

● 医療法人に引き継ぐ借入金額の計算書
　（一部引継ぎ／借換えありの例）

医療法人設立に際し引き継ぐ借入金額の計算書

①平成○年○月○日に借り入れた金額
　　A 銀行 ○○支店　　　　　　　　　　　　　50,000,000 円
　　　　　計　　　　　　　　　　　　　　　　　50,000,000 円

医療法人設立に際し拠出する設備投資等に要した額
弱電工事（平成○年○月○日支出）　　　　　　　924,000 円（(株)○○）
入居工事（平成○年○月○日支出）　　　　　　20,251,350 円（(株)○○）
自動体外式除細動器・診察台（平成○年○月○日支出）449,400 円（○○(株)）
内視鏡保管庫（平成○年○月○日支出）　　　　　362,040 円（○○(株)）
レセコンシステム費（平成○年○月○日支出）　　603,750 円（(株)○○）
診療所敷金（平成○年○月○日支出）　　　　　3,000,000 円（○○(株)）
駐車場敷金（平成○年○月○日支出）　　　　　　 31,500 円（○○(株)）
計　　　　　　　　　　　　　　　　　　　　 25,622,040 円

　　借り換え時（平成○年○月○日）借入金額　 36,224,530 円
　　　　　計　　　　　　　　　　　　　　　　 36,224,530 円

※引き継ぎ可能な借入金額
25,622,040　円 ÷ 50,000,000　× 100　≒　51.24%
36,224,530　円　× 51.24%　＝　18,561,449 円

②平成○年○月○日に借り入れた金額（借り換え）
　　B 銀行 ○○支店　　　　　　　　　　　　　36,300,000 円
　　　　　計　　　　　　　　　　　　　　　　　36,300,000 円

①のA銀行○○支店への一括返済（平成○年○月○日）	36,224,530 円
計	36,224,530 円
現在の借入金額	30,564,000 円
計	30,564,000 円

※ 医療法人設立に際し引き継ぐ借入金額
  30,564,000 円 × 51.24％ ×（36,224,530 円 ÷ 36,300,000 円）
  = <u>15,628,433 円</u>

〔3〕運転資金の借入を引き継ぐことができない理由

　前項で、運転資金にあてた借入金は引き継ぐことができないと説明しました。このことについて「なぜですか」とよく質問を受けますが、運転資金は拠出財産の取得に使ったものではなく、その効果がすでに個人に帰していると考えられるからです。

　たとえクリニックの運営に使ったと主張しても、本当にクリニックの運営に使ったものだという証拠がありませんし、事業所得の利益の一部になっている可能性もあります。さらにクリニックの運営といっても他の借入金の返済に使っていたり、生活費の一部に使っていたり、お子様の学費の一部に使っている可能性もあります。

　ですから、厚生労働省も財産の取得又は拡充のために生じた負債以外は引き継ぐことが適当ではないとしています。

●医療法人制度について
（［医政発第 0330049 号平成 19 年 3 月 30 日／最終改正：医政発 0531 第 1 号平成 24 年 5 月 31 日］より抜粋）

> （4）医療法人の設立に際して、現物拠出又は寄附すべき財産が医療法人に不可欠のものであるときは、その財産の取得又は拡充のために生じた負債は、当該医療法人の負債として取り扱って差し支えないこと。
>
> 　　ただし、負債が財産の従前の所有者が当然負うべきもの又は医療法人の健全な管理運営に支障を来すおそれのあるものである場合には、医療法人の負債として認めることは適当ではないので、設立の認可に当たっては十分留意されたいこと。

〔4〕引継ぎに必要となる根拠資料

① 当該借入により拠出財産を取得した裏付け（領収証等）

　当該借入により拠出財産を取得した裏付けとなる根拠資料としては、契約書や領収書を用意します。その際、領収書は融資実行日以降の日付を要求する自治体もあるので注意してください。

　また、これらの根拠資料が揃わない場合は、そもそも負債を引き継ぐことができません。

　要件を満たさず借入引継ぎができない場合は、買取りなどで対応するか（詳細は 191 ページ参照）、役員報酬を原資として個人で返済することになるため、後々のトラブルを回避するためには、その旨を当事者が納得した上で手続きを進めることが重要です。

② 金銭消費貸借契約書

　名目が設備費用、医療機器購入費等であり、運転資金ではないことが明示されている必要があります。

　個人開設時に開業ブローカーが介入している場合、「開業資金として」などと一まとめにして、わざとわかりにくくしている場合があるので、注意が必要です。

③ 返済予定表

　必ず探して添付する必要があります。万が一見つからない場合は、顧問税理士に確認するか、金融機関に再発行してもらうことになります。

④ 金融機関から引継ぎ承諾書を得る手順

　金融機関には早めに打診する必要があります。その際、計算式を説明した資料の添付が必要になる場合もあります。

　金融機関に承諾を得ないまま医療法人設立認可申請の手続きを進め、自治体に書類を提出した後に金融機関に説明に行ったところ、承諾を得られず、法人設立が暗礁に乗り上げたケースもあると聞きます。そうした事態を避けるべく、金融機関には必ず院長から第一報を入れた後、顧問税理士又は担当の行政書士等から直接説明に行くことをお勧めします。

　なお、承諾書への押印は、金融機関の場合は支店長印で構いません。

5-4 財産目録に載せずに資産を移転する方法

〔1〕売買契約、賃貸借契約

　拠出財産として財産目録に載せることなく資産を移転するには、医療法人との間で売買契約を締結するか、賃貸借契約を締結するかという2通りの方法があります。

　不動産の場合は、賃貸借契約を結ぶのが一般的です。賃貸借契約については第6章で改めて詳しく説明しますが、賃料が適正であることの根拠として「近傍類似値について」の書類を添付する必要があります。

　この近傍類似値は、インターネットでの検索結果からピックアップすれば十分です。もし地方などで近隣に参考物件が見つからない場合は、近傍の範囲を広げて探します。

　医療機器の場合は、分割払いによる売買契約が便利です。リースにすると、契約の件数や機器の数量等によっては反復継続性があると認められて薬機法違反となる場合があるからです。売買による場合は、代金を複数年の分割払いにすることで、設立後2年間の運転資金の必要額を抑えることができます。

　また、売買代金は、一般的には固定資産台帳の簿価を使用します。

　消費税を税込経理方式で行っている場合は簿価のまま、税抜経理方式で行っている場合は簿価に消費税を乗じた金額にしてください。

よく個人開業時の借入金の引継ぎが問題になりますが、その場合の一つの方法として設備や医療機器などの備品を売却した代金を分割払いで支払うことで問題を解消することができます。
　医療法人は個人に対して未払金があるので、個人が銀行に支払っている年利部分を医療法人で負担することも可能です。
　通常、法人から支払われた利息は雑所得として申告する必要がありますが、譲渡代金を一括払いしていれば個人の借入金は全額返済できたのに、法人からの要望で分割払いに応じ、個人の借入金が残ったことになります。
　雑所得の金額を計算する上で、必要経費に算入できる金額は、総収入金額に対応する売上原価その他その総収入金額を得るために直接要した費用の額ですが、上記のように個人の借入金の利息は分割払いに応じたために生じる利息であり、収入に直接要する費用として認められることになります。
　したがって、個人が支払っている借入金の利息より多い利息を法人からもらわない限り、雑所得としての申告は不要です。
　なお、その際は利息補てん分として支払う旨を記載した覚書等を作成しておくとより安心です。

　また、銀行からの借入れについて金銭消費貸借契約書には次のような条項があるケースが多いです。

第〇条（期限の利益の喪失）
1　借主について次の各号の事由が一つでも生じた場合には、借主はこの契約による債務全額について期限の利益を失い、当初の返済方法によらず、直ちにこの契約による債務全額を返済するものとする。

> ○ 乙がその営業又は営業用財産の全部又は重要な一部の譲渡を決議し又はこれらを譲渡した時、あるいは乙がその営業を休止又は廃止した時。

　このような条項があっても医療法人化の場合には期限の利益を喪失したとして金融機関から全額返済を求められることはありません。
　過去に一度だけ「法人化したので営業を廃止しており、期限の利益の喪失に該当するため全額すぐに返済してください」と政府系の金融機関から言われたケースがあります。このケースでは、医療法人化した際に個人名義の借入金を引き継がず、そのまま個人で返済していましたが、理事長が医療法人化したことを金融機関に知らせておらず、医療法人化してしばらく経ってから金融機関が医療法人化した事実に気づいたので、金融機関側も腹が立ってこのようなことを言い出したのでしょう。
　月々の返済はきちんと行っており、また、確かに個人での事業は廃止しているものの事業を法人化しただけで医療機関としては事業を継続しており、金融機関とも医療法人化した後も連絡が取れており、債務者の信用状態が著しく低下すると認められる、又は取引の継続が困難と判断できる状況ではなく、期限の利益の喪失を主張するのは公序良俗に反していると説明したところ、すぐに金融機関側も失言を認め、今まで通り月々の返済を続けることになりました。

　このような金融機関との無用なトラブルを避けるためにも、医療法人化を検討するときには金融機関の担当者に法人化する旨を伝えるべきです。

〔2〕契約当事者として MS 法人を活用する場合

　MS 法人から売買あるいは賃貸する場合も、特別な手続きが必要になるわけではありません。不動産について賃貸借契約を結ぶ場合は近傍類似を探して、家賃の適正性を示すということも同じです。
　しいて言えば、会社（MS 法人）と設立後の医療法人の関係について説明する必要があるなど、添付書類が多少増えます。
　また、第 2 章で医療法人設立認可申請時には医療法人の役員と MS 法人の役員兼務は避けたほうがよいと説明しましたが、特に売買契約や賃貸借契約を締結する場合は、役員兼務関係は解消しておいてください。
　なお、平成 29 年 4 月 2 日以降に開始する決算期からは、MS 法人との一定額以上の契約について毎年の事業報告の際に都道府県に報告が義務づけられています。

5-5 リース引継ぎに関するポイント

〔1〕リース会社からのリース引継ぎ

　リースを引き継ぐ際は、必ず契約書と支払予定表を添付してください。契約書は手書きの複写式が多いので、見つからない場合はリース会社側からコピーを入手することができます。

　また、固定資産台帳上で資産計上しているリースの場合は、契約書と支払予定表のほかに固定資産台帳やリース料の未払金残高が記載された書類の提出が増えることもあります。

　リースの引継ぎは、資料さえ揃えば、比較的にスムーズに進められます。加えて金融機関に比べて、リース会社は書類の発行も早く、特に医療機関専門のリース会社（又は医療機関専門部署）であれば説明もほとんど必要ありません。そのため、法人化を視野に入れている場合、リースを組むときには最初から医療機関に強いところで組むことをお勧めします。

〔2〕リース会社以外からのリース引継ぎ

　リース引継ぎで問題になりやすいのは、リース会社以外からのリースの引継ぎです。

　つまりは、いわゆるMS法人からのリース引継ぎです。

　建物（診療所）賃貸借契約をしている同一の会社からリースを引

き継ぐ場合、当然、行政側もMS法人であることはわかっています。したがって、MS法人の登記簿謄本の提出を求められるケースもあるので、役員兼務はあらかじめ解消しておくべきです。

　次に問題になるのが、リース料の算定根拠です。
　ポピュラーなのは、リース料率で計算する方法で、購入した資産にリース料率を乗じて計算します。

> 例）500万円×リース料率2.5％＝125,000円（月額リース料）

　勘違いされやすいのですが、リース料率と金利は異なります。
　リース料率とは月額リース料を計算するための利率のことで、金利とは利息又は利率のことで、年利、月利などがあります。
　例えば500万円の資産をリース料率2.5％で5年間リースした場合、5年間で2,500,000円（下記計算式参照）の利息を支払った計算になるので、単純に考えると1年間に500,000円の利息を支払ったことになり、本来の金利計算にすると年利17％に相当します。

> 500万円×2.5％＝125,000円
> 125,000円×60か月＝7,500,000円
> 支払った利息7,500,000円－5,000,000＝2,500,000円

　ここで問題になるのが、リース料率の算定根拠です。
　算定根拠として下記のようなリース料率表を用意しておくことをお勧めします。ポイントは、リース期間に応じてリース料率を変えることです。リース期間が異なるのにすべて3％で計算していたケースがありましたが、これでは非営利性を損なっているとみなされる可能性が高くなります。

●リース料率表の例

リース期間	リース料率
3年（36回）	3%　～4%
5年（60回）	2%～2.5%
7年（84回）	1.5%～2.2%

　リース料率は中小企業庁の小規模企業設備貸与制度などを参考にしてください。なお、一般的に中小企業庁のリース料率は民間より低めに設定されています。

　また、リース料率の算定根拠として、相見積もりを取って比較するという方法もあります。リース会社に知り合いがいる場合は、頼んでみるのもよいでしょう。

　そのほか、MS法人のリース契約で問題になるとすれば契約書です。簡単な契約書のみでは不十分という自治体もあるので、支払予定表やリース契約約款を準備しておくとよいでしょう。

第6章

診療所概要の作成ポイント

6-1 建物平面図や敷地図に関する注意事項

〔1〕建物平面図や敷地図に関する基本事項

　新たに開設しようとする診療所（病院又は介護老人保健施設）の概要とは、医療法人で開設を予定している診療所の名称、所在地、職員数、診療時間等をまとめたものです。

● 新たに開設しようとする診療所（病院又は介護老人保健施設）の概要

（東京都「医療法人設立の手引」より）

名　　　称					
所　在　地				電話	
所管保健所名					
診療科目					
病床数	病床　　　床				
管理者	氏名			（　年　月　日　生）	
	医籍	第　　　号		（　年　月　日　登録）	
職員	職種	職員数	職種	職員数	
	医師	常勤　　　人 非常勤　　　人		常勤　　　人 非常勤　　　人	
	・ ・ ・ ・ ・ ・ ・ ・ ・		・ ・ ・ ・ ・ ・ ・ ・ 合　計	・ ・ ・ ・ ・ ・ ・ ・ 人	
敷　　地	m² （うち借地　　　m²） （付近案内図及び平面図添付）				
建　　物	延　　　m² （構造、用途及び各室の面積を示す図面）				
診　療　日	日曜日及び祝日を除く毎日				
診療時間					
非常勤医師の勤務状況	○○○○（内科・小児科）　月　　午前○時から午後○時まで ○○○○（宿直）　　　　　火・木　午後○時から午前○時まで ・ ・				

診療所概要には、次のような「周辺の概略図」と「建物平面図」の添付が求められます。

●東京都「医療法人設立の手引」（抜粋）

> 周辺の概略図……最寄りの駅、主要道路、目標となる構築物等を記入すること。
> 建物平面図……構造、出入口、用途等がわかるものであること。
> 　　　　　　　医療機器や備品類のレイアウトが記載されていること。
> 　　　　　　　各部屋の面積が記載されていること。
> 　　　　　　　縮尺は任意だが、50分の1～100分の1程度が望ましい。
>
> ※　ビルの一室で開設する場合は、フロアの全体図（賃借部分を朱線等で区分）を添付すること

　そのほか、敷地図又は土地の公図（敷地部分を朱線等で区分）や地積測量図が必要な自治体もあります。

役立つ実務ネタ

　診療所を開設する際、診療所開設届（個人開設の場合）や診療所開設許可申請（医療法人の場合）に添付して、敷地や建物の図面も提出します。届出制である個人開設に比べて、許可制である医療法人の場合のほうが、図面を厳しくチェックされる傾向があります。実際、横浜市で医療法人化を行った際は、細

かい部分まで図面を厳しく見られました。

〔2〕ビルの一室で開設する場合の図面3点セット

　ビルの一室で診療所を開設する場合、「診療所の建物平面図」「ビルのフロア全体図」「敷地図」の3点が求められます。

　敷地図は、フリーアクセスを確認するために公道からの入り口や診療所に至る階段・エレベーター等の経路がわかるものが必要です。提出した敷地図がアバウトで入り口や経路がわからない場合、「どうやって診療所のフロアに上がるのですか」「どうやって公道から入るのですか」などと確認されます。

　また、建物平面図、フロア全体図、敷地図の3点セットは、相互に整合性が取れている必要があります。建物平面図とフロア全体図の柱の位置等が異なる等の問題があると、その旨を指摘されることになります。貸主にフロア図等の修正を依頼しなければならなくなると、かなり時間を要することもあるので気をつけてください。

　そうした3点の整合性を確認するためにも、図面関連は、書類を見るだけではなく、一度は現地に行って現況と図面が一致しているか、確認することをお勧めします。

〔3〕保健所へ届け出ている図面と一致しているか

　個人開設時に保健所へ届出済みの図面と一致しているか、確認する自治体もあります。

　個人開業から長期間が経っている場合、増築や改築などを行ってレイアウトや部屋用途等が変わっているケースは多いですが、保健所へ変更届を提出していないことも多々あります。

もし保健所へ届出済みの図面と一致していない場合は、変更時にさかのぼって、医療法人設立認可申請時に保健所に変更届けを提出してください。本来は、個人診療所の変更の届出が医療法人設立認可申請前に終わっていることが前提です。

〔4〕そのほか建物平面図に関する注意事項

　建物平面図には、医療機器や備品類のレイアウト及び各部屋の面積・用途を記載する必要があります。法人化に伴い改装予定の場合にはレイアウトは予定で構いませんが、医療機器や部屋の数が実際と異なるのはよくありません。

　また、平面図に記載されている各部屋の面積を合計したときに賃貸借契約書記載の診療所の総面積を超えているケースがたまにあります。実測と登記簿上の面積と賃貸借契約書に記載された面積が異なることがあるので、事前に確認してください。

6-2 賃貸借契約書に関する注意事項

〔1〕賃貸借契約書に関する基本的な事項

建物を賃借する場合は、次のような書類を診療所概要に添付する必要があります。

●東京都「医療法人設立の手引」(抜粋)

> 建物を賃借する場合は下記の書類
> ①賃貸借契約書の写し又は覚書の写し
> 　※理事長を含め、現任役員等から建物を賃借する場合は、新たに賃貸借契約書を作成し、「近傍類似値について」を添付してください。
> ②建物の登記事項証明書
> 　※建物1棟を借りる場合は、土地の登記事項証明書も添付してください。
> 　※建物が建設中のため申請時に建物の登記事項証明書を提出できない場合は、建築確認済証及び建築確認申請書の写しを提出してください。
> ③転貸の場合(所有者と貸主が異なる場合)は、所有者が転貸を承諾している書類(転貸承諾書等)。ただし、マスターリース契約に基づく転貸の場合は、原契約書(マスターリース契約書)の添付で構いません。

●覚書記載例
（東京都「医療法人設立の手引」より）

覚　　　書

　株式会社○○不動産（以下「甲」という。）と、東　京太（以下「乙」という。）及び医療法人社団東南会設立代表者　東京太（以下「丙」という。）は、甲乙間で締結した平成　年　月　日付賃貸借契約（以下「契約書」という。）に関し下記のとおり取り決めた。

記

　契約書における乙の表示は、丙が東京都知事に設立申請中の医療法人が成立した日をもって「医療法人社団東南会」（理事長　東　京太、東京都千代田区丸の内三丁目5番1号　東西ビル202号（法人の住所））と読み替える。
　乙が甲に差し入れている保証金について、乙は医療法人社団東南会に拠出し、保証金の返還請求権は医療法人社団東南会に引き継がれる。
　賃貸借契約の連帯保証人には、医療法人が成立した日をもって○○○○が就任する。
　本覚書の成立を証するため本書5通を作成し、当事者各1通を所持し、1通を東京都知事に提出する。

　平成　年　月　日
　　甲　　東京都新宿区北新宿　丁目　番　号
　　　　　　株式会社○○不動産
　　　　　　代表取締役社長　　○○　　○○　　㊞

```
　　　乙　　東京都新宿区西新宿二丁目8番1号（自宅の住所）
　　　　　　東　　京　　太　　㊞


　　　丙　　東京都新宿区西新宿二丁目8番1号（自宅の住所）
　　　　　　医療法人社団　　東　　南　　会
　　　　　　設立代表者　　　東　　京　　太　　㊞
　　　連帯保証人　（住所）
　　　　　　　　　（氏名）　　　　　　　　　　　　　㊞
```

〔2〕登記事項証明書の所有者と一致しているか

　貸主と登記事項証明書の所有者が一致していない場合は、所有者変更のお知らせや家賃振込先変更のお知らせなど、権利を引き継いでいることを証明する書類が必要です。

　また、転貸の場合は、転貸承諾書のほかに転貸を必要とする理由書を求める自治体が多いです。

　理由書の内容は、一般的に「貸主が法人以外には貸さないと言っているため」など、貸主側の事情を記載することが多いです。開業したドクターが若い場合は、「開業資金が十分でないため、建物保証金や内装工事費用について協力してもらったため」や「○○では物件の賃貸審査が通らなかったため」といった理由もあります。

〔3〕覚書は貸主に事前に提示して承諾をもらう

　貸主が大企業の場合、覚書に押印してもらうまでに数か月もの時間がかかる場合も多々あります。

仲介をしている不動産業者が承諾していても貸主が承諾しているとは限りません。事前に貸主の承諾をもらっておかなかったために、本申請をする際に押印を拒否されて医療法人設立を断念することになったり、押印の条件として多額の名義書換承諾料を請求されたりしたケースも実際にあります。

〔4〕地番と住居表示の違い

　日本では、住所の表示方法には「地番」と「住居表示」の2種類があります。

　地番とは、一筆（一区画）ごとの土地につけられた番号のことで、原則として建物には地番と同じ番号の家屋番号がつけられています。

　一方、住居表示は、住居表示に関する法律に基づいた住居の表し方で、建物につけられたものです。適切な広さに分けた「町」、道路等で区切られた区画につけた「番」、建物ごとにつけられた「号」を使って表します。「地番」は登記所が定めるのに対し、「住居表示」は市区町村が定めます。

　住居表示を住所として使っている地域で医療法人の設立認可申請を行う場合、住居表示による住所を記載する必要があります。ところが、申請書に添付する診療所建物の登記簿謄本は地番で表示されているので、申請書に記載した住所と一致しません。

　診療所がビルの一室の場合、登記簿謄本に「○○ビル」という建物の名称が記載されていることが多いので、登記簿謄本の地番と申請書の住所が一致しなくても同一物件であることが確認できますが、一戸建ての場合は登記簿謄本に建物の名称がないので同一物件であるという確認が取れません。

このように登記簿謄本の地番と申請書の住所が一致しない場合は、建物が所在する市区町村から「住居表示証明書」や「住居付定証明書」をもらう必要があります。これらの証明書には地番と住居表示による住所の両方が記載されているので、同一物件であるという確認を取ることができます。

　また、建物を賃借する場合は、賃貸借契約書や覚書に、地番と住居表示による住所を併記するという方法もあります。併記してあれば同一物件であることは一目瞭然のため、別途、書類を添付する必要はありません。

　そのほか、住宅地図の上に公図を重ねて印刷した「ブルーマップ」で地番を確認するという方法、インターネット上で不動産および法人登記情報を閲覧できる「登記情報提供サービス」の地番検索サービスを利用するという方法もあります。

※参考：登記情報提供サービス　http://www1.touki.or.jp/

〔5〕賃貸借の期間

　医療法人が開設する病院又は診療所の建物は、法人で所有が望ましいとされ（医療法人運営管理指導要綱）、賃借はあくまで例外的な位置づけとなります。そのため、賃借による場合は「安定的かつ長期間にわたる契約」が必要とされます。実務的には、契約に自動更新条項がついていれば認められることになりますが、ない場合は、覚書に自動更新条項に関する内容を記載します。

　また、更新が一切存在しない定期借家契約の場合は、覚書に自動更新条項をつけて、事実上は定期借家契約を否定する文言を追加する必要があり、事前の貸主との調整が大きなポイントとなります。

役立つ実務ネタ

　ほとんどの自治体は自動更新の条項があれば、賃貸借期間が比較的短くても問題ありませんが、下記の愛知県のように「賃貸借期間は10年以上」「保証金は2か月分以上」などと指定している自治体もあります。
　一昔前には確かに賃貸借期間を10年以上としている自治体が多かったものの、現在では稀です。賃貸借期間の年数、保証金の額のいずれの条件についても、医療法人運営管理指導要綱には言及はなく、上記のような指定をしている自治体の指導の根拠はないと思われます。

●**愛知県の医療法人設立事務に関する説明会資料**
（抜粋：カッコ書きは筆者）

　ウ（不動産を賃貸する場合）及びエ（ビルの一室で診療所を開設する場合）のいずれの場合でも、下記の特約事項を記載した契約を結ぶことになる。この場合の契約期間は10年以上、保証金は2か月分以上を必要とする。

《特約事項》
　本契約は、愛知県知事の医療法人設立後、診療所の開設日をもって発効するものとし、乙の表示は医療法人○○○○理事長△△△△と読み替えるものとする。

●医療法人運営管理指導要綱

Ⅲ管理 2　資産管理	7　土地、建物等を賃貸借している場合は適正な契約がなされていること。	・平成19年3月30日医政発第0330049号医政局長通知 ・賃貸借契約期間は医業経営の継続性の観点から、長期間であることが望ましいこと。 　また、契約期間の更新が円滑にできるよう契約又は確認されていることが望ましいこと。 ・賃借料は近隣の土地、建物等の賃借料と比較して著しく高額でないこと。

6-3 役員就任予定者又は法人関係者から不動産を賃借する場合

〔1〕近傍類似に関する書類が必要

　理事長をはじめとした役員就任予定者や法人関係者から不動産を賃借する場合、その賃料が適正であることの根拠として、近傍類似（周辺相場）に関する書類を添付する必要があります。

　一般的に、参考物件の根拠資料はインターネットの検索結果で十分です。インターネットで検索しても物件が見つからない場合、不動産業者が作成した物件のチラシ（ファクトシート）でも構いません。

　ただ、地方などでは参考物件が近隣で見つからないケースもあります。近傍類似は何キロ圏内と定められているわけではないので、近隣で見つからない場合は、範囲を広げるなど、診療所と参考物件までの距離を長めにとって探すしかありません。

　また、病院の場合など、そもそも近傍類似の事例がない場合には不動産鑑定士が作成した不動産鑑定書でもよいケースもあります。

● 参考：東京都「医療法人設立の手引」

	所　在　地	月額賃料 A	延べ床面積 B	㎡当たりの単価 A／B
当該物件		円	㎡	円
参考物件1		円	㎡	円
参考物件2		円	㎡	円
参考物件3		円	㎡	円

（注）
1　この様式は、設立しようとする医療法人と、設立しようとする医療法人の社員、役員就任予定者等（社員又は役員就任予定者の親族、親族等が経営する営利法人なども含む。）が不動産賃貸借を行う場合に作成してください。
2　当該物件の単価が参考物件の単価の平均以下となるようにしてください。

（添付書類）
1　当該物件と参考物件の位置関係が1枚で分かる地図等（当該物件と参考物件をラインマーカーで明示すること。）
2　参考物件の根拠資料（住宅情報誌の写し等）

〔2〕賃料の設定について

　賃料については医療法人運営管理指導要綱に「賃借料は近隣の土地、建物等の賃借料と比較して著しく高額でないこと。」と記載されており、賃借料は配当類似行為にあたらず、非営利性に反しない限り、貸主と借主双方が合意した金額で問題ありません。
　医療法人は非営利法人に該当しますが、非営利法人の定義は一般的に「その団体であげた利益をその団体の構成員で分配しないこ

と」です。これは、医療法第54条と同様の趣旨です。

　厚生労働省も非営利の意味を「医療を提供する法人は、営利を目的としないこと、すなわち、法人の対外的活動による収益性を前提としてその利益を構成員に分配することを目的としないこと（非営利性の確保）が求められるということになっており、医療を提供する医療法人については、営利を目的としないということが大きく求められるということです。」と説明しています（「医療法人の事業展開等に関する検討会」の議事録より抜粋）。

　利益とは収入から必要経費を差し引いたものを指しますので、一般的に公正妥当と認められる必要経費として支出するものは利益の分配には該当しません。

　ですから、賃借料も一般的に公正妥当と認められる金額（近隣と比較して著しく高額でない）であれば認められるべきです。

　しかし、次の愛知県のように、役員就任予定者又は法人関係者から不動産を賃貸する場合の賃借料を具体的に指示する自治体もあります。

●愛知県の例

> ※賃料の算出根拠
> 　賃料の算出根拠については、次表のとおり。医療法人に過大な負担を与えない賃料設定が必要であるため、算出値を下回る金額を賃料とすること。

《賃料算出方法の例》

「固定資産税評価額 ×6％」又は「土地の鑑定評価額 ×6％」	固定資産税・都市計画税課税明細書を添付
「固定資産税評価額 ×10％」	

＜注意点＞
　これらの取得に要した借入金及びその利息を含めた賃料根拠は認められない。これは、事実上の負債引継に相当するためである。
　ただし、建物の賃料計算で定額法による減価償却を考慮した設定は可である（定率法に基づく減価償却を考慮した賃料設定は認めていない。）。

　ほとんどの自治体は東京都の様式と同じように近傍類似に関する資料を提出することで済みますが、愛知県のように賃料を指示する自治体もあるので注意してください。

　なお、ある弁護士によると、賃料を一方的に指示するのは憲法で保障された財産権の侵害に該当する可能性があるとのことです。厚生労働省の医療法人運営管理指導要綱とも異なり、適切ではないと考えられます。

　基本的に、医療法人設立の手引をインターネットに公開していない自治体では、ローカルルールが多い傾向にあるようです。

6-4　その他の注意事項

〔1〕診療科目を見直すべき

　標榜できる診療科目は年々変わってきています。

　特に厚生労働省が平成20年3月31日付で出した「広告可能な診療科目の改正について」という通知で大きく変わったため、平成20年以前から個人開設していた診療所では注意が必要です。

　平成20年4月1日以降、次の診療科名は広告することが認められなくなりました。

> ※平成20年4月1日以降、広告することが認められない診療科名
> 「神経科」　　「呼吸器科」　　「消化器科」
> 「胃腸科」　　「循環器科」　　「皮膚泌尿器科」
> 「性病科」　　「こう門化」　　「気道食道科」

　改正に係る経過措置として、平成20年4月1日以前から広告していた診療科名については、看板の書き換えなど、広告の変更を行わない限り、引き続き広告することが認められていますが、医療法人化する場合、新たに診療所としての開設手続を行うので、現行制度の下での診療科目で開設手続をとる必要があります。

　また、平成20年4月1日以降は診療科名を組み合わせた表示形式が可能になりました。これにより「血液・腫瘍内科」「糖尿病・

代謝内科」「小児腫瘍外科」「老年心療内科」「老年・呼吸器内科」「女性乳腺外科」「移植・内視鏡外科」「消化器・移植外科」「ペインクリニック整形外科」「脳・血管外科」「頭頸部・耳鼻いんこう科」「肝臓・胆のう・膵臓外科」「大腸・肛門外科」「消化器内科（内視鏡）」「腎臓内科（人工透析）」「腫瘍内科（疼痛緩和）」「腎臓外科（臓器移植）」「美容皮膚科（漢方）」などの標榜が可能になっています。

今まで標榜していた診療科目が適切かどうか、より良い診療科目はないか、医療法人化するにあたって見直し、診療科目の変更がある場合は、まず保健所に相談することをお勧めします。

〔2〕職員数は職員給与費内訳書と一致させる

　診療所概要の職員数は、支出予算明細に添付する「職員給与費内訳書」と一致させてください。その際、常勤・非常勤別の人数も職員給与費内訳書と一致させなければなりません。
　なお、千葉県は、診療所概要に職員数を記載するだけではなく、医師のみならず、看護師や事務員も含むすべての職員の一覧表を提出するよう求めます。全国的にも非常に珍しいローカルルールです。

●職員の一覧表

（千葉県「医療法人関係手続一覧」より）

氏名 (生年月日)	職種	採用 年月日	免許証 登録番号	一週間の 勤務日数	一日の 勤務時間	一週間の 勤務時間	住所	勤務態様
千葉太郎 (S15.7.21)	医師	S55.6.1	第○○○号	6	6.5	39	千葉市中央区 市場町1-1	常勤
佐倉一郎 (S30.2.7)	医師	S60.4.1	第○○○号	2	6.5	13	佐倉市○○○	非常勤
市原信子 (S40.6.10)	看護師	S55.6.1	第○○○号	6	6.5	39	千葉市中央区 市場町1-1	常勤
成田智子 (S41.3.8)	准看護師	S61.4.1	□□県 第○○○号	6	6.5	39	市川市○○○	常勤
千葉花子 (S16.9.15)	事務	S63.4.1		6	6.5	39	市原市○○○	常勤
市川芳子 (S32.4.25)	事務	H2.4.1		6	5	30	成田市○○○	非常勤

〔3〕診療に従事する医師、歯科医師の届出が済んでいるか確認する

　個人開設の診療所は、診療に従事する医師、歯科医師に変更があった際は届出が必要です。非常勤についても届出が必要であることは同じです。

　この届出がきちんと行われていなければ、医療法人設立認可後に保健所に行う診療所開設許可申請の際に「変更届が行われていない」と指摘され、診療所開設許可申請の前に個人診療所開設届出事項の変更届が必要になる場合があります。

　そのほか、開設届出事項の変更届が必要なものには次のような事項があります。現在の診療所の内容を確認し、変更がある場合は事前に届出を済ませてください。

●開設届出事項を変更する場合の手続き（個人開設）
（東京都北区保健所の「診療所・歯科診療所開設の手引」より抜粋）

　診療所・歯科診療所で開設届の内容を変更する場合、変更後10日以内に変更届を保健所に提出することが医療法に定められています。

　各種認定、指定を受けている場合には、認定機関への変更事項の届出が必要になる場合があります。

変更事項	提出書類
・診療所、歯科診療所の名称	開設届出事項中一部変更届　2部
・開設者・管理者の氏名・住所	開設届出事項中一部変更届　2部 ＊氏名の変更は、戸籍の変更等で氏名の変更

		があった場合であり、開設者・管理者の変更は廃止、新規の手続きになります。氏名の変更の際には、戸籍抄（謄）本の原本を提示してください。
・住居表示		開設届出事項中一部変更届　2部 ＊移転の場合には、廃止、新規の手続きが必要になります。
・診療科名		開設届出事項中一部変更届　2部 ＊診療科名の増減により、診察室の変更がある場合、構造設備の変更手続きが合わせて必要になります。 ＊麻酔科は、麻酔科認定医資格を持つ医師が勤務する場合のみ標榜できます。
・診療日時		開設届出事項中一部変更届　2部
・診療に従事する医師、歯科医師 ・勤務する薬剤師		開設届出事項中一部変更届　2部 ＜添付書類＞ 免許証、臨床研修修了登録証の写し　2部 （原本も提示してください） ＊非常勤の医師、歯科医師についても届出が必要です。
・敷地面積の変更		開設届出事項中一部変更届　2部 ＜添付書類＞敷地の平面図（新・旧）
・構造設備の変更 ・部屋用途の変更		開設届出事項中一部変更届　2部 ＜添付書類＞建物の平面図（新・旧） ＊構造設備の変更では賃貸借契約書の写し等の提出が必要な場合があります。詳しくはお問い合わせください。

〔4〕建物の延べ床面積の記載ルールは自治体によって異なる

　例えば、東京都は診療所の面積のみの記載を求めますが、千葉県

は建物全体の延べ床面積のほかに診療所のみの面積をカッコ書きで記載するようになっています。千葉県の場合、建物全体の延べ床面積なので、診療所の開設場所が高層のビルの場合、かなり面倒です。

　さらに、神奈川県はそもそも建物の延べ床面積を記載する必要がありません。

　このように自治体によって異なるので、事前確認が必要です。

6-5 病院の場合

〔1〕診療所との差異

　個人開設の病院を医療法人化する場合は「開設しようとする病院」として概要を作成します。基本的には診療所の場合と同様で、異なるのは記載を省略してもよい箇所がなくなる程度です。

　ただし、記入例を見ていただければわかるとおり、病院の場合、職員数も多く、建物の構造も複雑になるため、診療所概要に比べると記載量はかなり増えます。

● 「開設しようとする病院の概要」記入例

名　称	○×会病院		
所在地	△□市○×区××町0000番地	電　話	000-111-2222
所管保健所名	△□保健所		
診療科目	内科、循環器内科、リハビリテーション科		
病床数	145床（一般病床34床・療養病床111床）		
管理者	氏　名　○×○×		
	医　籍　第　444444号（昭和00年0月0日登録）		

	職　種	定員	現　員	職　種	定員	現　員
職　員	医　師	6人	常勤　4人 非常勤7人 （常勤換算2.41015625人）	理学療法士		常勤　3人 非常勤0人
	看　護　師	31人	常勤33人 非常勤4人 （常勤換算2.6人）	作業療法士		常勤　2人 非常勤0人
	准看護師	10人	常勤12人 非常勤6人 （常勤換算4.1人）	言語聴覚士		常勤　2人 非常勤0人
	看護補助者	28人	常勤28人 非常勤19人 （常勤換算15.3人）	医療ソーシャルワーカー		常勤　2人 非常勤0人
	診療放射線技師		常勤　1人 非常勤0人	医療秘書		常勤　2人 非常勤0人
	臨床検査技師		常勤　2人 非常勤1人	施設管理		常勤　0人 非常勤4人
	薬　剤　師	2人	常勤　3人 非常勤2人 （常勤換算1.2人）	事　務　員		常勤　3人 非常勤2人
	管理栄養士	1人	常勤　1人 非常勤0人	合　　　計		常勤　98人 非常勤45人

敷　地	4639.00㎡（うち借地4639.00㎡）（付近案内図及び平面図添付）
建　物	延3,794.62㎡（構造、用途及び各室の面積を示す図面）

鉄筋コンクリート造陸屋根4階建
鉄骨造陸屋根3階建

　一階部分
① 　エントランスホール・待合　　　63.50 ㎡
② 　風除室　　　　　　　　　　　　27.56 ㎡
③ 　第一診察室　　　　　　　　　　13.20 ㎡
④ 　第二診察室　　　　　　　　　　13.20 ㎡
⑤ 　処置室　　　　　　　　　　　　31.80 ㎡
⑥ 　薬局　　　　　　　　　　　　　46.26 ㎡
⑦ 　内視鏡室　　　　　　　　　　　12.10 ㎡
⑧ 　生理機能検査室　　　　　　　　11.70 ㎡
⑨ 　検査室　　　　　　　　　　　　25.60 ㎡
⑩ 　採尿室　　　　　　　　　　　　 2.73 ㎡
⑪ 　機械室　　　　　　　　　　　　36.00 ㎡
⑫ 　一般撮影室・CT撮影室　　　　　23.20 ㎡
⑬ 　X線テレビ室　　　　　　　　　18.50 ㎡
⑭ 　サーバー室　　　　　　　　　　 4.50 ㎡
⑮ 　操作室　　　　　　　　　　　　 8.40 ㎡
⑯ 　トイレ　　　　　　　　　　　　 4.50 ㎡
⑰ 　トイレ　　　　　　　　　　　　 4.50 ㎡
⑱ 　院長室　　　　　　　　　　　　28.20 ㎡
⑲ 　医局室　　　　　　　　　　　　23.80 ㎡
⑳ 　医師当直室　　　　　　　　　　 8.00 ㎡
㉑ 　事務室　　　　　　　　　　　　31.00 ㎡
㉒ 　事務当直室　　　　　　　　　　 7.50 ㎡
㉓ 　カルテ保管室　　　　　　　　　15.30 ㎡
㉔ 　サーバー室　　　　　　　　　　 9.00 ㎡
㉕ 　相談室　　　　　　　　　　　　10.00 ㎡
㉖ 　事務長室　　　　　　　　　　　13.00 ㎡
㉗ 　食堂　　　　　　　　　　　　　28.60 ㎡

㉘ 厨房　　　　　　　　　　72.40 ㎡
㉙ 厨房保管庫　　　　　　　10.00 ㎡
㉚ 事務室　　　　　　　　　6.25 ㎡
㉛ トイレ　　　　　　　　　3.00 ㎡
㉜ 控室　　　　　　　　　　7.50 ㎡
㉝ ロッカー室　旧　　　　　17.50 ㎡
㉞ ロッカー室　新　　　　　16.97 ㎡
㉟ 面談室A　　　　　　　　9.65 ㎡
㊱ 書庫　　　　　　　　　　6.14 ㎡
㊲ 倉庫　　　　　　　　　　59.10 ㎡
㊳ 霊安室　　　　　　　　　8.25 ㎡
㊴ トイレ　　　　　　　　　4.50 ㎡
㊵ 運動療法室　　　　　　　107.30 ㎡
㊶ 事務室　　　　　　　　　18.27 ㎡
㊷ リハビリ倉庫　　　　　　18.90 ㎡
㊸ トイレ　　　　　　　　　9.00 ㎡
㊹ 消毒室　　　　　　　　　4.55 ㎡
㊺ 廊下その他　　　　　　　530.19 ㎡

二階部分
① 病室（35室　94床）
　　（一般　10室　34床）
　　　101号室　　　　　　　27.40 ㎡
　　　102号室　　　　　　　20.00 ㎡
　　　103号室　　　　　　　20.00 ㎡
　　　105号室　　　　　　　28.10 ㎡
　　　106号室　　　　　　　28.10 ㎡
　　　107号室　　　　　　　10.90 ㎡
　　　108号室　　　　　　　16.20 ㎡
　　　110号室　　　　　　　16.20 ㎡
　　　111号室　　　　　　　10.90 ㎡

	112 号室	35.80 ㎡
	（療養　25 室　60 床）	
	230 号室	35.80 ㎡
	231 号室	35.80 ㎡
	232 号室	35.80 ㎡
	233 号室	35.80 ㎡
	201 号室	26.20 ㎡
	202 号室	12.90 ㎡
	203 号室	13.20 ㎡
	205 号室	13.20 ㎡
	206 号室	12.90 ㎡
	210 号室	12.90 ㎡
	211 号室	12.90 ㎡
	212 号室	12.90 ㎡
	213 号室	12.90 ㎡
	215 号室	12.90 ㎡
	216 号室	12.90 ㎡
	217 号室	12.90 ㎡
	218 号室	13.20 ㎡
	220 号室	12.90 ㎡
	221 号室	12.90 ㎡
	222 号室	12.90 ㎡
	223 号室	12.90 ㎡
	225 号室	12.90 ㎡
	226 号室	12.90 ㎡
	227 号室	12.90 ㎡
	228 号室	13.20 ㎡
②	ナースステーション	42.50 ㎡
③	面談室	6.50 ㎡
④	仮眠室	7.50 ㎡
⑤	食堂兼談話室	19.00 ㎡

⑥	湯沸室	3.00 ㎡
⑦	洗面所・トイレ	22.00 ㎡
⑧	汚物処理室	3.00 ㎡
⑨	更衣室	10.17 ㎡
⑩	浴室	32.40 ㎡
⑪	会議室	19.90 ㎡
⑫	倉庫	2.10 ㎡
⑬	倉庫	1.90 ㎡
⑭	看護師長室	12.10 ㎡
⑮	前不潔庫	6.37 ㎡
⑯	後不潔庫	5.33 ㎡
⑰	リネン庫	7.20 ㎡
⑱	ナースステーション	37.00 ㎡
⑲	畳室	7.50 ㎡
⑳	洗場	5.00 ㎡
㉑	足洗場	4.50 ㎡
㉒	車椅子トイレ	5.40 ㎡
㉓	車椅子トイレ	5.40 ㎡
㉔	トイレ	13.00 ㎡
㉕	リネン庫	2.10 ㎡
㉖	不潔庫	2.60 ㎡
㉗	汚物処理室	1.50 ㎡
㉘	廊下その他	518.32 ㎡

三階部分
① 病室（療養　11室　51床）

301 号室	28.10 ㎡
302 号室	28.10 ㎡
303 号室	35.80 ㎡
305 号室	35.80 ㎡
306 号室	35.80 ㎡

	307 号室	35.80 ㎡
	308 号室	35.80 ㎡
	309 号室	35.80 ㎡
	310 号室	35.80 ㎡
	311 号室	35.80 ㎡
	312 号室	28.10 ㎡
	313 号室	28.10 ㎡
②	ナースステーション	29.16 ㎡
③	休憩室	7.50 ㎡
④	トイレ	3.10 ㎡
⑤	湯沸室	3.10 ㎡
⑥	汚物処理室	5.33 ㎡
⑦	洗面所・トイレ	24.25 ㎡
⑧	不潔庫	4.80 ㎡
⑨	リネン庫	5.00 ㎡
⑩	言語療法室	23.10 ㎡
⑪	トイレ	5.40 ㎡
⑫	食堂	103.09 ㎡
⑬	廊下その他	246.88 ㎡

四階部分

①	洗濯室	9.30 ㎡
②	倉庫	8.50 ㎡
③	屋上その他	40.70 ㎡

診療日	日曜日及び祝日を除く毎日		
診療時間	月～金	午前9時から12時まで、午後2時から5時まで	
	土	午前9時から12時まで	
非常勤医師の勤務状況	××○○ （内科）	月	午後1時15分～ 午後6時30分まで
		月 当直	午後6時30分～ 午前7時まで
	△□△□ （内科）	火	午後1時15分～ 午後6時30分まで
		水	午後1時15分～ 午後5時15分まで
		当直（月2回）	午後6時30分～ 午前7時まで
	○×○× （内科）	火	午後1時～ 午後2時30分まで
		金	午後1時～ 午後2時30分まで
		当直（月2回）	午後6時30分～ 午前7時まで
	×△×△ （内科）	水	午前8時45分～ 午後12時15分まで
		当直（月2回）	午後6時30分～ 午前7時まで
	△○△○ （内科）	木	午前8時45分～ 午後12時15分まで
		当直（月2回）	午後6時30分～ 午前7時まで

非常勤医師の勤務状況	××○○（内科）	土	午前8時45分〜午後12時15分まで
		土・日 当直（月1回）	午後6時30分〜午前7時まで
	○○××（内科）	土	午前7時〜午後12時15分まで
		当直（月1回）	午後6時30分〜午前7時まで

〔2〕病院の概要を作成する際の留意点

① 人員基準を満たしているか

　医療法では、病院及び療養病床を有する診療所の人員の「標準」を定めています。この標準を満たさない標欠医療機関は、医療法に反することになります。

　この医療法上の人員基準は、診療報酬算定上の施設基準とは別問題です。診療報酬算定上の施設基準を注意するあまりに、医療法上の人員基準を下回っている病院が稀にあるので気をつけてください。

　なお、ここでいう定員数とは医療法施行規則を最低基準として法人で病院ごとに定めた職種別の定員であり、現員とは実際の職員数を指します。

●医療法施行規則　第19条

第19条　法第21条第1項第1号の規定による病院に置くべき医師及び歯科医師の員数の標準は次のとおりとする。
　一　医師　精神病床及び療養病床に係る病室の入院患者の数を3をもって除した数と、精神病床及び療養病床に係る病室以外の病室の入院患者（歯科、矯正歯科、小児歯科及び歯科口腔外科の入院患者を除く。）の数と外来患者（歯科、矯正歯科、小児歯科及び歯科口腔外科の外来患者を除く。）の数を2.5（精神科、耳鼻咽喉科又は眼科については、5）をもって除した数との和（以下この号において「特定数」という。）が52までは3とし、特定数が52を超える場合には当該特定数から52を減じた数を16で除した数に3を加えた数
　二　歯科医師
　　イ　歯科医業についての診療科名のみを診療科名とする病院にあつては、入院患者の数が52までは3とし、それ以上16又はその端数を増すごとに1を加え、さらに外来患者についての病院の実状に応じて必要と認められる数を加えた数
　　ロ　イ以外の病院にあつては、歯科、矯正歯科、小児歯科及び歯科口腔外科の入院患者の数が16までは1とし、それ以上16又はその端数を増すごとに1を加え、さらに歯科、矯正歯科、小児歯科及び歯科口腔外科の外来患者についての病院の実状に応じて必要と認められる数を加えた数
2　法第21条第3項の厚生労働省令で定める基準（病院の従業者及びその員数に係るものに限る。次項において同じ。）であつて、都道府県が条例を定めるに当たつて従うべきものは、次のとおりとする。
　一　薬剤師　精神病床及び療養病床に係る病室の入院患者の数を150をもって除した数と、精神病床及び療養病床に係る病室以

外の病室の入院患者の数を70をもつて除した数と外来患者に係る取扱処方箋の数を75をもつて除した数とを加えた数（その数が1に満たないときは1とし、その数に1に満たない端数が生じたときは、その端数は1として計算する。）

二　看護師及び准看護師　療養病床、精神病床及び結核病床に係る病室の入院患者の数を4をもつて除した数と、感染症病床及び一般病床に係る病室の入院患者（入院している新生児を含む。）の数を3をもつて除した数とを加えた数（その数が1に満たないときは1とし、その数に1に満たない端数が生じたときは、その端数は1として計算する。）に、外来患者の数が30又はその端数を増すごとに1を加えた数。ただし、産婦人科又は産科においてはそのうちの適当数を助産師とするものとし、また、歯科、矯正歯科、小児歯科又は歯科口腔外科においてはそのうちの適当数を歯科衛生士とすることができる。

三　看護補助者　療養病床に係る病室の入院患者の数が4又はその端数を増すごとに1

四　栄養士　病床数100以上の病院にあつては、1

3　法第21条第3項の厚生労働省で定める基準であつて、都道府県が条例を定めるに当たつて参酌すべきものは、次のとおりとする。

一　診療放射線技師、事務員その他の従業者　病院の実状に応じた適当数

二　理学療法士及び作業療法士　療養病床を有する病院にあつては、病院の実状に応じた適当数

② 構造基準等を満たしているか

　病院の場合、医療法人設立認可申請時にも、1床あたりの病床面積や廊下幅、避難経路など、医療法上の構造基準等を満たしているか、につき確認されます。

開設許可申請時ほど厳しくはないものの、例えば東京都の場合、医療法人の認可を担当する医療安全課医療法人担当のみならず、病院の許可を担当する医療安全課医務担当などの関係部署と連携し、点検が行われます。

●医療法　第23条

> 第23条　第21条から前条までに定めるもののほか、病院、診療所又は助産所の構造設備について、換気、採光、照明、防湿、保安、避難及び清潔その他衛生上遺憾のないように必要な基準は、厚生労働省令で定める。
> 2　前項の規定に基づく厚生労働省令の規定に違反した者については、政令で20万円以下の罰金の刑を科する旨の規定を設けることができる。

●医療法施行規則　第16条

> 第16条　法第23条第1項の規定による病院又は診療所の構造設備の基準は、次のとおりとする。ただし、第9号及び第11号の規定は、患者を入院させるための施設を有しない診療所又は9人以下の患者を入院させるための施設を有する診療所（療養病床を有する診療所を除く。）には適用しない。
> 一　診療の用に供する電気、光線、熱、蒸気又はガスに関する構造設備については、危害防止上必要な方法を講ずることとし、放射線に関する構造設備については、第4章に定めるところによること。
> 二　病室は、地階又は第3階以上の階には設けないこと。ただし、第30条の12に規定する病室にあつては、地階に、主要構造部（建築基準法（昭和25年法律第201号）第2条第5号

に規定する主要構造部をいう。以下同じ。）を耐火構造（建築基準法第2条第7号に規定する耐火構造をいう。以下同じ。）とする場合は、第3階以上に設けることができる。

二の二　療養病床に係る一の病室の病床数は、4床以下とすること。

三　病室の床面積は、次のとおりとすること。

　イ　病院の病室及び診療所の療養病床に係る病室の床面積は、内法による測定で、患者1人につき6.4平方メートル以上とすること。

　ロ　イ以外の病室の床面積は、内法による測定で、患者1人を入院させるものにあつては6.3平方メートル以上、患者2人以上を入院させるものにあつては患者1人につき4.3平方メートル以上とすること。

四　小児だけを入院させる病室の床面積は、前号に規定する病室の床面積の3分の2以上とすることができること。ただし、一の病室の床面積は、6.3平方メートル以下であつてはならない。

五　機械換気設備については、感染症病室、結核病室又は病理細菌検査室の空気が風道を通じて病院又は診療所の他の部分へ流入しないようにすること。

六　精神病室の設備については、精神疾患の特性を踏まえた適切な医療の提供及び患者の保護のために必要な方法を講ずること。

七　感染症病室及び結核病室には、病院又は診療所の他の部分及び外部に対して感染予防のためにしや断その他必要な方法を講ずること。

八　第2階以上の階に病室を有するものにあつては、患者の使用する屋内の直通階段を2以上設けること。ただし、患者の使用するエレベーターが設置されているもの又は第2階以上の各階における病室の床面積の合計がそれぞれ50平方メートル（主

要構造部が耐火構造であるか、又は不燃材料（建築基準法第2条第9号に規定する不燃材料をいう。以下同じ。）で造られている建築物にあつては100平方メートル）以下のものについては、患者の使用する屋内の直通階段を一とすることができる。
九　前号に規定する直通階段の構造は、次の通りとすること。
　　イ　階段及び踊場の幅は、内法を1.2メートル以上とすること。
　　ロ　けあげは0.2メートル以下、踏面は0.24メートル以上とすること。
　　ハ　適当な手すりを設けること。
十　第3階以上の階に病室を有するものにあつては、避難に支障がないように避難階段を2以上設けること。ただし、第8号に規定する直通階段のうちの1又は2を建築基準法施行令（昭和25年政令第338号）第123条第1項に規定する避難階段としての構造とする場合は、その直通階段の数を避難階段の数に算入することができる。
十一　患者が使用する廊下の幅は、次のとおりとすること。
　　イ　精神病床及び療養病床に係る病室に隣接する廊下の幅は、内法による測定で、1.8メートル以上とすること。ただし、両側に居室がある廊下の幅は、内法による測定で、2.7メートル以上としなければならない。
　　ロ　イ以外の廊下（病院に係るものに限る。）の幅は、内法による測定で、1.8メートル以上とすること。ただし、両側に居室がある廊下（病院に係るものに限る。）の幅は、内法による測定で、2.1メートル以上としなければならない。
　　ハ　イ以外の廊下（診療所に係るものに限る。）の幅は、内法による測定で、1.2メートル以上とすること。ただし、両側に居室がある廊下（診療所に係るものに限る。）の幅は、内法による測定で、1.6メートル以上としなければならない。

> 十二　感染症病室又は結核病室を有する病院又は診療所には、必要な消毒設備を設けること。
> 十三　歯科技工室には、防塵設備その他の必要な設備を設けること。
> 十四　調剤所の構造設備は次に従うこと。
> 　イ　採光及び換気を十分にし、かつ、清潔を保つこと。
> 　ロ　冷暗所を設けること。
> 　ハ　感量10ミリグラムのてんびん及び500ミリグラムの上皿てんびんその他調剤に必要な器具を備えること。
> 十五　火気を使用する場所には、防火上必要な設備を設けること。
> 十六　消火用の機械又は器具を備えること。
> 2　前項に定めるもののほか、病院又は診療所の構造設備の基準については、建築基準法の規定に基づく政令の定めるところによる。

　そのほか、毎年の立入検査（医療監視）の際の提出資料との整合性もチェックされます。保健所設置市で申請を行う場合は特に注意が必要です。

　以上のように、個人開設の病院を医療法人化する場合、基本的には診療所の場合と同じとはいえ、書類作成に要する時間、労力はより増えます。ただ、そもそも事例が少なく、申請を受け付ける側の行政としても病院が潰れると困るため、経験上、行政が協力的に対応してくれるケースが多いようです。

あとがき

　数ある許認可手続のなかでも、医療法人の認可申請は、作成すべき書類のボリュームも大きく、難易度も高めです。実務では、医療法・建築基準法・税法などの諸法令や施行規則、通知も複雑に絡んでおり、会計・契約関連・登記などの知識も必要となってきます。さらに、認可の一定基準があるといえども、各自治体の裁量部分の幅が広く、独自色も濃いところが医療法人の認可申請のハードルを上げている要因でもあります。各自治体の書式ルールも厳格に定められており、煩雑です。

　実際に、「こんな制度があることを知っていたら、導入していたのに」「自治体の手引き通りに申請したら、その法人の実態には合わない法人制度になってしまっていた」「申請時にこの文言を入れておいたら、今こんなに苦労しなくて済んだのに」など、申請時に知識があったら、知る術があったらよかったのにというケースも散見されます。

　本書では、医療法人化にかかわる皆様のお役に立ちたいという総意の下、各執筆者が実践で得た貴重な経験と知識、そこから編み出した創意工夫と役に立つアドバイスを余すことなく盛り込んだ内容となっています。法令や手引きの抜粋に留まらず、申請者がぶつかるであろう疑問点、難儀するであろう問題点を提起し、その解決策を導いています。

　特に「設立趣意書」「事業計画書・予算書」「開設しようとする診療所（病院）の概要」などはケース別に掲載し、実際に認可が下りた申請書の事例を余すことなく提供しています。

　また、役立つ実務ネタは、手引きにも他の参考書にも載っていない、各執筆者が現場で経験した生のネタをレポートしています。

　かくいう私も医療法人の申請には日々悪戦苦闘している状況であり、他の執筆メンバーの事例や実務ネタを学び、今後の実務に活かすことを企てています。

　本書は、医療法人を適正に上手く設立するためのノウハウをギュッと詰め込んでいますが、一朝一夕でこのようなノウハウが身につくわけではなく、今回の執筆メンバーが所属する医業経営研鑽会では、医業にかかわる様々な業種の人が集まり、多角度から医業実務に係る問題点を議

論し、会員同士で知恵を出し合い、情報を共有し合うという大変学び多き場ですので、一度このような場も覗かれてみるのもよいかもしれません。

　最後に、本書が皆様の医療法人認可申請のお役に立ち、解決の糸口につながりましたら、これに勝る喜びはありません。

平成 29 年 8 月

医業経営研鑽会正会員
佐藤行政書士事務所
代表　行政書士　佐藤 千咲

【執筆者略歴】

●税理士・行政書士　西岡 秀樹（にしおか ひでき）

西岡秀樹税理士・行政書士事務所所長・医業経営研鑽会会長
事務所 URL　https://nishioka-office.jp/
研鑽会 URL　https://www.kensankai.org/

昭和 45 年東京都生まれ。大原簿記学校に在籍中に簿財 2 科目に合格、同校卒業後一度に税法 3 科目に合格して税理士となり、医業経営コンサルタント会社勤務を経て平成 12 年に独立。
平成 22 年に医業経営研鑽会を設立し、現在まで会長を務めている。
主な著書に『税理士・公認会計士のための医業経営コンサルティングの実務ノウハウ』（中央経済社）『3 訂版　医療法人の設立・運営・承継・解散』（日本法令）などがある。

●特定行政書士・医業経営コンサルタント　岸部 宏一（きしべ こういち）

医業経営研鑽会理事、MedS. 医業経営サポーターズ代表、行政書士白門会常任幹事、（一社）医業承継士協会理事
行政書士法人横浜医療法務事務所代表　https://www.med-ss.jp/

1965 年 東京都生まれ（秋田市育ち）、1988 年 中央大学商学部商業・貿易学科卒。
バイエル薬品㈱で 10 年余 MR 経験後、民間医療法人事務長を経て、㈱川原経営総合センター（川原税務会計事務所／現：税理士法人川原経営）医療経営指導部で修行、2001 年行政書士登録、2004 年独立。全国の病院・診療所の経営支援、医療法務の第一人者としての許認可実務、市区町村医師会、各種士業団体、病院内研修会等での年間約 30 本の講演を通じ、医療機関を護る活動を継続している。
＝連載中＝「クリニック事件簿／ある日院長が倒れたら」（日経メディカルオンライン）
＝共　著＝『3 訂版　医療法人の設立・運営・承継・解散』『クリニック開業を思い立ったら最初に読む本』（以上、日本法令）『小説で学ぶクリニックの事業承継－ある院長のラストレター』（中外医学社）等

●特定行政書士・認定登録医業経営コンサルタント　藤沼 隆志（ふじぬま たかし）

　PROPRIDE 行政書士藤沼法務事務所　代表
　事務所 URL　https://propride-office.com/
1976 年生。岩手県盛岡市出身。帝京大学文学部教育学科教育学専攻卒業。在学中に独学で宅地建物取引主任者試験に、同じく 独学で 2002 年に行政書士試験に合格。
2010 年 4 月より 2012 年 3 月まで東京都の医療法人指導専門員（専務的非常勤職員）として医療法人の各種届出・認可申請の書類審査及び電話・窓口相談業務に携わる。
医療法人行政と医療法・医療法人制度を知り尽くした行政書士として、現在は、医療法人の設立・新規診療所開設・附帯業務開設・合併などの認可手続と社会医療法人化、持分なし法人への移行手続き及び事業承継・持分対策、営業譲渡に関わるコンサルティング等を専門に行っている。

●行政書士・入国管理局申請取次行政書士　佐藤 千咲（さとう ちさ）

　佐藤行政書士事務所代表　https://www.sato-gyousei.jp/
1968 年名古屋生まれ、千葉県育ち。
1991 年 3 月立教大学文学部英米文学科卒業後、1991 年 4 月住友商事株式会社入社。
2002 年 6 月行政書士事務所開業、多岐にわたる分野の許認可専門事務所として、行政庁との複雑・困難な交渉を得意としている。
著書：『シニア起業を思い立ったら いちばん最初に読む本』（アニモ出版）
雑誌連載：月刊「近代中小企業」— 許認可取得のススメ シリーズ

医療法人の設立認可申請ハンドブック	平成29年9月15日　初版発行 令和7年2月20日　初版4刷

〒 101-0032
東京都千代田区岩本町1丁目2番19号
https://www.horei.co.jp/

		検印省略			
編　　者	医	業	経	営	研	鑽	会
著　　者	西	岡	秀			樹
	岸	部	宏			一
	藤	沼	隆			志
	佐	藤	千			咲
発 行 者	青	木	鉱			太	光
編 集 者	岩	倉	春			
印 刷 所	日	本	ハ	イ	コ	ム
製 本 所	国		宝			社

（営　業）　TEL　03-6858-6967　　Eメール　syuppan@horei.co.jp
（通　販）　TEL　03-6858-6966　　Eメール　book.order@horei.co.jp
（編　集）　FAX　03-6858-6957　　Eメール　tankoubon@horei.co.jp

（オンラインショップ）　https://www.horei.co.jp/iec/
（お詫びと訂正）　https://www.horei.co.jp/book/owabi.shtml
（書籍の追加情報）　https://www.horei.co.jp/book/osirasebook.shtml

※万一、本書の内容に誤記等が判明した場合には、上記「お詫びと訂正」に最新情報を掲載しております。ホームページに掲載されていない内容につきましては、FAXまたはEメールで編集までお問合せください。

- 乱丁、落丁本は直接弊社出版部へお送りくださればお取替えいたします。
- JCOPY〈出版者著作権管理機構　委託出版物〉
本書の無断複製は著作権法上での例外を除き禁じられています。複製される場合は、そのつど事前に、出版者著作権管理機構（電話03-5244-5088、FAX 03-5244-5089、e-mail：info@jcopy.or.jp）の許諾を得てください。また、本書を代行業者等の第三者に依頼してスキャンやデジタル化することは、たとえ個人や家庭内での利用であっても一切認められておりません。

© Improvement Association of Medical Management 2017. Printed in JAPAN
ISBN 978-4-539-72560-3